コロナは獣の刻印666

【ワクチンとゾンビ】

泉パウロ

ついに来た「終わりの日」

ヒカルランド

２００５年にペンタゴンが開発したFun-Vaccsと、
巨人ネフィリムの骨から抽出したＤＮＡと、
ビル・ゲイツが２０２０年に特許取得した
ワクチンと共にマイクロチップを
人間に入れるパテント６６６技術。
特許番号WO/2020/060606
この３つが融合する時、
２０００年前から聖書に預言されていた
６６６獣の刻印と呼ばれる
地獄行きの扉が開きます。

一般的に聖書の説く「獣の刻印」とは、
「反キリスト」と呼ばれる
独裁者による刻印支配のことを指しますが、
もう一つの意味は「獣」は堕天使と
人間の娘たちの間に生まれた
「巨人ネフィリム」を指しています。
真の目的は将来パテント666の刻印で
脳内スイッチを入れて人間をゾンビ化する準備として、
まずは段階的にFun-Vaccsと培養ネフィリムDNAを
徐々に混入する計画なのではないでしょうか。

ロスチャイルドとロックフェラー両方の親族家系で
元イルミナティメンバーで現在は
熱心なクリスチャンになった兄ロバートと妹エレナが
ニューヨーク州モントーク基地にいた時、
高官が言っているのを聞いたのですが、
「ネフィリムのDNAを抽出して彼らを再創造して
未来に登場させる」と話していたそうです。

洪水前の時代からのDNAを持ってきて、
ネフィリムのクローンを創造しているだけでなく、
彼らはある特定の遺伝子を取り出しています。
これは将来重要になりますが、
伝染病などに対するワクチン接種で
チップを受けた人に化石の骨から抽出した
ネフィリムの遺伝子を注入する計画です。

その後、反キリストが現れる頃に、
右手か額にスタンプのような刻印を押されると、
ネフィリムの遺伝子にスイッチが入り
人間の遺伝子が変えられて獣の刻印となり、
神がお造りになったDNAを無効にしてしまう。
遺伝子が無効になるので神は私たちのことを
神の子供と認識しなくなり、
神の救済も受け取れなくなります。
DNAが悪霊に取り憑かれたことになるのです。

獣＝巨人ネフィリム。
刻印＝刻んで入れる印。
これがネフィリムの遺伝子注入だと仮定すると、
ワクチンを突破口として人間と堕天使、
巨人ネフィリムの混血が始まり、
もはや人は純潔な人ではなく、
脳内DNAが書き換えられた人間と
堕天使の雑種になります。
もしそうなれば堕天使、
悪霊との混血は、取り返しのきかない滅びの災難です。
人間も動物も天使も異種交配してはいけないのです。

ペンタゴンで開発されたウイルスと
ワクチンの発表が2005年4月に行われ、
その時のビデオがリークされました。
プロジェクト名は、
Fun-Vaccs（vaccines for religious fundamentalism）で、
このワクチンを打つと、
脳が信仰深さや信仰心を失うようにできていて、
中近東に撒きたいようです。

イラク戦争以来、
過激派イスラム教徒掃討作戦に
使うためとうたって作られましたが、
本当は全世界がターゲットで、
２００５年に将来インフルエンザのように
呼吸器系の疫病で広めると言ってましたが、
予告通り、15年後の２０２０年
インフルエンザのような呼吸器系の疫病、
新型コロナが広まって今、
世界がワクチン接種を迫られる時が来ました。

モデルナワクチン体験者の耳の後ろと
舌の痛みは位置が一致してますから、
まさかペンタゴン開発の信仰心を消滅させる
ドーパミンをからす、
Fun-Vaccs 攻撃の痛みではないでしょうか？
人に信仰心がなくなれば世界統一は簡単です。

仮説ですが、後はネフィリム遺伝子挿入で
人間を堕天使の雑種にして不活性状態で眠らせ、
後に666刻印を打つとスイッチオンとなり、
目覚めて活性する人間ゾンビ化計画の完了です。

イルミナティ幹部の一人
ビル・ゲイツが持つワクチンと共に
マイクロチップを人間に入れる特許
パテント666が実用化されます。
人には脳内スイッチがあります。
マウスの脳内の大脳基底核・線条体という部位の
神経回路を操作で「オン」「オフ」できるように
遺伝子改変した実験結果があります。
「コミナティーのルシフェラーゼ」は
「イルミナティのルシファー」。
「コロナ」はゲマトリア数秘術で読むと「666」です。

はじめに

新型コロナ勃発と同時に「ネフィリムワクチン」について語る者は日本でもアメリカでも私の知る限り誰もいませんでした。しかし、私はこれを調べ続け、ついに彼らの究極的な人類永久滅亡計画の全容を発見し、心震えました。将来666刻印を受けた者が永遠に滅びる聖書預言がなぜそうなのか、霊的に、医科学的にネフィリム巨人との深い結びつきが今、解き明かされます。

フランスではすでにワクチン接種デジタル証明書導入で、これがないと飲食店や文化施設に入場できず、20万人以上の国民が反対デモを起こしています。システムの発想自体が獣の刻印666に酷似した監視社会の到来です。

黙13：16−18「また、小さき者にも、大いなる者にも、富める者にも貧しき者にも、自由人にも、奴隷にも、すべての人々に、その右の手あるいは額に刻印を押させ、この刻印のない者はみな、物を買うことも売ることもできないようにした。この刻印は、その獣の名、または、その名の数字のことである。思慮のある者は、獣の数字を解くがよい。その数字とは人間をさすものである。そして、その数字は六百六十六である。」

メキシコ大統領オブラドールは警告します。「気をつけないといけません！　製薬会社はビジネスをしたいので、常に皆さんにワクチンを売りつけたいと思っています！　そこで優先順位をつけて、必要かどうかを判断しなければなりません。私たちは製薬会社のいいなりになってはいけません。製薬企業は、3回目の接種が必要だとか、4回目の接種が必要だとか言ってきます」

同様の発言をしたアフリカ・ブルンジのンクルンジザ大統領、タンザニアのジョン・マグフリ大統領、ハイチのジョブネル・モイーズ大統領……彼らは次々暗殺され、ワクチン推進派の新大統領統治に世界が塗り替えられています。

コンピューターウィルスをはじめに作ったビル・ゲイツは、親の代から親交深いロックフェラーの財団傘下マサチューセッツ工科大学で2020年7月29日にコミナティーワクチンのルシフェラーゼを開発しました。

ビル・ゲイツのマイクロソフト社が次々、自作自演でコンピューターウイルスをリニューアルして対策ソフトを買わせるマッチポンプ商法同様に、新型コロナも次々と変異株登場でリニューアルして対策の新薬と新型ワクチンを買わせる罠《わな》に諸国はメディア操作でハメられています。

ゲイツは「最終的にできた新しくて有望なワクチンはmRNAワクチンと呼ばれるものです。従来のワクチンとは違って、これはDNAの遺伝子を入れ替えて、新しいDNAを作るものです」と公言しますが、ワクチン接種後、電球がつくほど体に帯電した人、強力磁石や鉄が張りつく人が現れ、パソコン接近でファイザー製ワクチンは5Gに反応し、モデルナ製ワクチンは Bluetooth に、アストラゼネカ製ワクチンは wifi に接続してしまう。ノースカロライナ周辺で急増中のブラックライトの青い街灯下で接種者が瞬時に判明できるよう血管ベキセドグローの静脈が白く浮き立って見えるようになった人もいます。ワクチン接種開始以降、死者がどれほど急増中か、mRNAワクチン発明者ロバート・マローン博士は、警告しています。「mRNAワクチンの深刻な副反応は半年では顕在化しません。接種後、3年から9年後に明らかになるものです」

本誌は著者が牧師ゆえ聖書の預言的解釈が多いですが、サタン崇拝者たちは現実に聖書の預言を自分達が実現しなければならないという異常な信念を持って行動しているので、聖書研究は敵の戦略を暴き、災害回避に役立ちます。例えばイエス様の預言。世界の終わりになると、ルカ21：11「大地震があり、方々に疫病やききんが起こり、恐ろしいことや天からのすさまじい前兆が現れます。」とありますが、「大地震」の預言成就が仮に「311」なら、次の順番は「方々に疫病とききん」が起きるとワンセットで預言されています。疫病コロナの次は食糧難勃発でしょうか？　コロナ入国制限で外国人労働者たちが激減した日本やアメリカ等の先進国農家では生産規模縮小で耐えていますが、しわ寄せに途上国アフリカでは食糧不足の飢餓が深刻です。国難ききんが懸念です。

聖書を物語として読んでもストーリーの中に災害原点を見ます。イスラエルのユダヤ人は荒野を旅する時、欲望から肉を求めて神様にたてつき、モーセにつぶやきました。神様は海のかなたから風を吹かせて何もない荒野にうずらの大軍を送りました。欲望にかられた民がうずら肉を集めて貪り食っている最中に感染症のクラスターが発生して大勢死にました。まさに鳥インフルエンザの起源で、闇組織は聖書をヒントに真似して人工的災害を起こします。

聖書はコロナ禍の未来も預言します。黙13：1「また私は見た。海から一匹の獣が上って来た。これには十本の角と七つの頭とがあった。その角には十の冠があり、その頭には神をけがす名があった。」

「一匹の獣」である独裁者、反キリストの台頭預言ですが、その様は「十本の角と七つの頭」があります。意味は、彼がヨーロッパの「十の国」を従える支配者で、「七つの頭」のように「七つの丘」を持つ「ローマ」を拠点に活動します。「角には十の冠」の意味は、「冠」は「王権」で、独裁者、反キリストはカリスマ的人気者となり、十か国の王たちを従える王の王となります。

「角には十の冠」、ここにもう一つの暗示的な意味もあります。「角」は攻撃用の「武器」で、「武器」は「十の冠」。電子顕微鏡でコロナウイルスを見ると、膜に覆われた表面に突起状が多く見え、この突起が王冠（ギリシャ語でコロナ）や太陽のコロナのように見えるから、「コロナウイルス」命名とされますが、つまり、「十の冠」＝「十のコロナ」という驚愕預言がここに成り立ちます。

日本獣医生命科学大の氏家誠准教授（ウイルス学）によると、現在、知られているコロナウイルスは40種あり、33種類が動物に病気を引き起こし、7種類のコロナウイルスだけ人間に病気を引き起こし、死に至る肺炎の大規模な集団発生を引き起こしています。すでに「七種類のコロナ」つまり「七の冠」が武器の「角」のように世界を攻撃しましたが、預言は「十の冠」＝「十のコロナ」です。ならば、後は「残り三種類のコロナ禍」が今後さらに世の終わりまで武器の「角」のように世界を最終攻撃するでしょうか？

聖書は、コロナ禍が繰り返し第1波…第5波と周期的リバウンドする性質も預言します。奴らはこれもヒントに真似たでしょうか。

ハバ3：2－5「この年のうちに、それをくり返してください。…その御前を疫病が行き、熱病はそのうしろに従う。」

闇組織では、自分たちのしようとすることを事前に人々に告げると言う難解な人口削減ゲームのルールがあります。最近、モデルナワクチンに異物の極小ステンレスが混入して接種者数名が死亡したニュースがありますが、実はこれも偶発事故ではなく、ルールに基づいた近い将来、極小マイクロチップを本格混入させる事前犯行予告ではないでしょうか？　本書に興味を持って手に取ってくださり感謝します。これは命に関わる重大レポートです。

目次

Part 3
世界の裏に巣くうのは、人間を喰らうモンスターゾンビたち！

Part 4

トランプと宇宙軍は、悪霊退治に立ち上がっていた⁉

Part 5

ファイザーのワクチンの名、「コミナティ」とは「イルミナティ」のことか⁉

Part 9

かつて作られ、実在したバケモノたちを一挙公開！

Part 10

これは実に興味深い！「巨大ロボットvs巨人ネフィリム！」その日が来るかも！

Part 14

姿を現した悪魔たちによって、あなたは試されている!

カバーデザイン　荒木慎司
校正　麦秋アートセンター
本文仮名書体　文麗仮名（キャップス）

Part 1

ワクチンにチップを入れる特許の名は「パテント666」だった!!

ついに666獣の刻印、地獄行きの扉が開いた⁉

2005年にペンタゴンが開発したFun-Vaccsと、巨人ネフィリムの骨から抽出したDNAと、ビル・ゲイツが2020年に特許取得したワクチンと共にマイクロチップを人間に入れるパテント666技術。この3つが融合する時、2000年前から聖書に預言されていた666獣の刻印と呼ばれる地獄行きの扉が開きます。

この本は真面目な真理追究の書で、悟った私自身、驚愕しています。

そしてまだ多くの人々に知らされていない陰謀計画の暴露です。

任期終了前トランプ元大統領の命令により今まで隠蔽されていた膨大な量の機密情報が置きみやげとして開示され始めました。

中でも私が注目した情報は巨人ネフィリムに関するトップシークレットです。

私は前の書『恐竜と巨人《ネフィリム》は堕天使のハイブリッド！』（ヒカルランド）で巨人の存在と恐竜の起源、異種交配生物の未来などをご紹介しました。これはノアの大洪水の日まで地上には巨人たちが大勢いたという突拍子もない事実を告げたものですが、まさに天地驚愕ミステリー本であり、一見、私たちの日常生活には、無関係なテーマと思われます。

実は私もなぜこの時期に巨人について聖書と外典聖書を中心に徹底考察してその存在を力説していたのかわかりませんでした。しかし、今は悟りました。時が来たのです。

獣の刻印の「獣」とは、巨人ネフィリムのことだった!?

ワクチン接種と巨人ネフィリムの関係は、全世界すべての人々の命に関わる重大事だったのです。

聖書の黙示録が預言する「獣の刻印」とは「獣」＝「巨人ネフィリム」のことを指していたのです。そしてこの刻印を受けた者は皆、永遠に滅ぼされます。

なぜならその人は人間と堕天使のＤＮＡ混雑の雑種となり、神様が純粋な人間として認識されなくなるため、将来天国に入る条件を逸脱してしまうのです。

一般的に聖書の説《と》く「獣の刻印」とは、「反キリスト」と呼ばれる独裁者による刻印支配のことを指しますが、もう一つの意味は「獣」は堕天使と人間の娘たちの間に生まれた「巨人ネフィリム」を指しています。

外典聖書では、巨人ネフィリムはノアの大洪水前に神様が剣を彼らに与えたので互いに殺し合い全滅しましたが、生き残りがないよう大洪水を起こされました。

堕天使たちが地上の生物たちに、いやらしいことをして産ませた恐竜やキメラ生物のような交配種ハイブリッドが地上に多くいたため、これらを一掃しました。

堕天使と人間のＤＮＡが交配することは赦《ゆる》されない大罪です。堕天使２００人は人間の女たちを誘惑し、子供を産ませた罪ゆえ裁かれて、今は地獄の闇に監禁されています。以下は聖書です。

Ⅱペテ2：4－5「神は、罪を犯した御使いたちを、容赦せず、地獄に引き渡し、さばきの時まで暗やみの穴の中に閉じ込めてしまわれました。また、昔の世界を赦さず、義を宣べ伝えたノアたち八人の者を保護し、不敬虔な世界に洪水を起こされました。」

ユダ1：6「また、主は、自分の領域を守らず、自分のおるべき所を捨てた御使いたちを、大いなる日のさばきのために、永遠の束縛をもって、暗やみの下に閉じ込められました。」

聖書の創世記ではノアと家族の合計8人および箱舟の中にいた「あらゆる種類の獣、あらゆる種類の家畜、あらゆる種類の地をはうもの、あらゆる種類の鳥、翼のあるすべてのもの」だけが、2匹ずつ救われたと書かれています。

巨人ネフィリムは生存者リストには含まれていません。

創7：17－24「それから、大洪水が、四十日間、地の上にあった。水かさが増していき、箱舟を押し上げたので、それは、地から浮かび上がった。水はみなぎり、地の上に大いに増し、箱舟は水面を漂った。水は、いよいよ地の上に増し加わり、天の下にあるどの高い山々も、すべておおわれた。水は、その上さらに十五キュビト増し加わったので、山々はおおわれてしまった。こうして地の上を動いていたすべての肉なるものは、鳥も家畜も獣も地に群生するすべてのものも、またすべての人も死に絶えた。いのちの息を吹き込まれたもので、かわいた地の上にいたものはみな死んだ。こうして、主は地上のすべての生き物を、人をはじめ、動物、はうもの、空の鳥に至るまで消し去った。それらは、地から消し去られた。ただノアと、彼といっしょに箱舟にいたものたちだけが残った。水は、百五十日間、地の上にふえ続けた。」

聖書には、「いのちの息を吹き込まれたもので、かわいた地の上にいたものはみな死んだ」とはっきり書かれていますから、洪水を最後に巨人ネフィリムは巨人も人間サイズの子供ネフィリムもすべて死に絶えました。巨人ネフィリムは長身ゆえサーフボードのように箱舟につかまりながらジタバタ生き延びたという作り話や、ノアが呪った息子ハムの妻が実は隠れネフィリムの変身で、その子孫が現代の闇の地下政府の支配者たちだ、などという作り話には決して心を寄せないでください。巨人ネフィリムは全滅し、現代では恐竜同様、出土する化石があるだけです。

穀物由来のアルコールが、ガソリン（ロックフェラー）に駆逐される！

世界には私たちの知らないうちに隠蔽され、世に出なかった優れた発明や技術がたくさんあります。石油財閥の既得権益を揺るがす脅威だったスタンリー・メイヤーの空気と水だけで走る車、黙殺された数々のフリーエネルギー。

18世紀末に車はすべてアルコール燃料でした。農家はサトウキビやトウモロコシなどあらゆる穀物から簡単に燃料用アルコールを作ることができ、農作業車に使用していました。

量産車第一号フォード・モデルTも、英語版ウィキペディアで当初はガソリンとアルコール燃料のエタノールの両方で走ることができたとあります。

ところが石油財閥のロックフェラーはガソリン車を普及させようと工作します。酒乱の夫が妻に暴力をふるった事件をネタ元に資金援助で政界や教会さえも動かし、世論操作でアルコール製造及び販売を禁じる禁酒法を制定させました。

ヘンリー・フォードは、禁止するのは飲用アルコールのみで、産業用アルコールは除外しようと主張しましたが、裏でつながるマフィア幹部アル・カポネが、この世紀の悪法のおかげで密輸酒独占で大儲けしてはキックバックしていたため、背後のマフィア勢力に守られてガソリン車が主流と時代は変わりました。

隠蔽されたエタノール車の走行距離は1ガロンで34マイル。平均燃費がリッター12キロあったのです。初期の復元フォード・クラシックカーのマニア談によると当事の車はリッター数キロと燃費が悪く、性能が低い時代にリッター12キロはかなりの低燃費です。ガソリン車の4倍から6倍も走り、エタノール自体も穀物由来は農家にとってはタダ同然です。しかもエタノール車に比べてガソリン車はエンジン内部の汚れもひどく、廃棄ガスも有害です。私たちはこんな感じで環境問題、エネルギー問題、お財布事情など、何も知らないうちに損をさせられ、本来の豊かさを無駄に搾取され続けています。

人類に貢献するための発明発見はこうして潰される！

軍事目的に転用可能な科学技術はよく隠蔽され、都市伝説化されます。ハープ地震兵器やニュートリノ砲、気象兵器、洗脳兵器、起爆装置に原爆を用いない純粋水爆などです。

数百兆円以上の利権となるWinnyを開発した天才プログラマー金子勇さんは、ＡＩ最先端技術ニュートラルネットワークＡＩの開発者ですが、不当逮捕後、暗殺されています。

スーパーコンピューターや国産戦闘機、国産ＯＳのTRONなどもアメリカWindowsより先進的だったのです。当然、世界基準になるべきだった日本の開発技術ですが、潰され、不当搾取され続けています。

医療分野でも同様で、ＳＴＡＰ細胞は実用化すれば、これまた数百兆円以上の利権であるため、イルミナティの命令で小保方晴子さんはＣＩＡ工作員のマスメディアに潰されたのです。業界を追放され、その上、上司の笹井芳樹さんも暗殺されました。現在、ハーバード大学がＳＴＡＰ細胞を発見して特許を取得しています。

様々ながんに効く40万人に使用された、40日分の使用でわずか９７２０円の丸山ワクチン。このような特効薬が半世紀近く国の許可が降りないなど、抗がん治療薬を作ったロックフェラー財団の既得権益を損なわないための組織的な圧力は大きいです。

Part 2

ワクチンの後、ネフィリム（巨人、堕天使、悪霊）が現代に生まれる⁉

なぜ、巨人の発見は、隠蔽され続けるのか⁉

なぜ巨人ネフィリムの化石が世界各国で発見されているのにＣＩＡと米軍が回収して隠蔽するのか⁉　なぜ外典聖書という真理を記した書が異端的とされ、プロテスタント教会で排除され読まれなくなったのか⁉　当初は理解できませんでしたが、今は悟りました。

巨人ネフィリムの化石をこうも巧みに隠蔽し続けた、ＣＩＡ傘下のメディア操作の目的はどこにあるでしょう。それは、凶暴で強かった巨人ネフィリムのＤＮＡが、軍事目的で、スーパーソルジャーやワクチンへの混入で破壊兵器として使えるからです。

外典聖書も同様に、ムー大陸やアトランティス大陸の時代に巨人たちが大勢住んでいたという機密情報満載だから隠蔽されたのです。

世界はわずかな軍産複合体によって支配され、情報操作で民衆は騙《だま》され、搾取され続けています。７５００人から８５００人のディープステートの連中が世界の99％の富を独占し、政治も経済も警察も軍も裁判所、メディア、あらゆる業界を意のままに操作しています。

本当は、神様が創造された地球はもっと豊かに短時間労働で十分生活できたはずです。

ところが、特に世界の超富裕層26人が、世界人口の半分の総資産と同額の富を独占しています。もし、彼らがお金を出せば世界の貧困すべてが瞬時に解決できます。

しかし、彼らはプーチン大統領が語った通り、すべて悪魔崇拝者たちであり、幼児性的虐待者たちで、アメリカを裏で操り、奴隷支配しています。

ネフィリム再創出の計画……とコロナワクチンの関係

今回のコロナワクチン接種では、死亡した場合、国の予防接種健康被害救済制度で一時金4420万円が支払われるのです。その自信の表れから、ワクチン接種で即、急激な人口削減というつもりではないのが明白です。

自作自演のマッチポンプはコロナ拡散で火をつけ、消火のワクチン利権で大儲けするだけでなく、真の目的は将来パテント666特許の刻印で脳内スイッチを入れて人間をゾンビ化する準備として、まずは段階的にFun-Vaccsと培養ネフィリムDNAとマイクロチップを徐々に混入する計画なのではないでしょうか。

マスクは古代ローマ帝国や中世ヨーロッパでは奴隷の象徴であり、奴隷たちが連携しないようにコミュニケーションを阻害する目的であえてつけさせたそうです。

日本政府が無償マスク2枚を全国に466億円かけて配送しましたが、あのマスクは大丈夫だろうか？

厚生労働省の「布製マスクの都道府県別全戸配布状況」によると、特定警戒都道府県で2020年5月11日から布製マスク配布開始予定でしたが、実際には特定警戒都道府県に入らない地方では、後回しに5月11日より1～2カ月も遅れて郵送されました。受注した4社のうち事業活動の実態がない「株式会社ユースビオ」は、政府関係者がキックバックするペーパーカンパニーであると同時に、新型コロナを布製マスクに仕込む工場？　だったかもしれません。布製マスクの地方拡散につれ、7月には第2波の感染者が全国で急増しています。

アニメ「アンパンマン」の第216話B「ちゅうしゃき先生とバイキンマンマスク」にこんな話があります。「バイキンマンが子供たちにマスクを渡して去っていく。それは風邪をひいてしまうバイキンマンマスクだった。装着でパンデミック勃発。ちゅうしゃき先生が子供たちに注射を打つが熱が下がらない。バイキンマンがバイキンマスクを外さない限り熱は下がらないと喋っているのをアンパンマンたちが聞く。アンパンマンたちはマスクを外して健康回復。みんなもマスクを外して健康回復。そこへメロンパンナが来て新しい顔を投げアンパンマンは復活。アンパンチでバイキンマンを吹っ飛ばし、みんなの捨てたバイキンマスクを投げつけた。最後に、ちゅうしゃき先生が子供たちに注射をして治す」

新型コロナ騒動が始まる前に子供たちの人気者「アンパンマン」を真似た「ワンパンマン」というヒーローアニメが深夜放送されていました。そこでは新型コロナに形がよく似た「怪人細胞」が出てきて、これを食べると人は大きく凶暴な怪物に変身できるという内容でした。

原作漫画を見ると「怪人細胞……これを食うだけで怪人の力が手に入る……」「人間をやめることになるが……」と書いています。そしてアニメは「今から何か凄いことが来るぞ」と怪人たちのメッセージを言い残したかのように突如、最終回を迎えました。新型コロナ到来を事前告知していたのですね。

ONE PUNCH MAN
A HERO NOBODY KNOWS
怪人細胞…
これを食うだけで
怪人の力が手に入る…
ピクッ
人間をやめる
ことになるが…

ロスチャイルドとロックフェラー両方の親族家系で元イルミナティメンバーで現在は熱心なクリスチャンになった兄ロバートと妹エレナがニューヨーク州モントーク基地にいた時、高官が言っているのを聞いたのですが、「ネフィリムのDNAを抽出して彼らを再創造して未来に登場させる」と話していたそうです。

「洪水前の時代からDNAを持ってきて、ネフィリムのクローンを創造しているだけでなく、彼らはある特定の遺伝子を取り出しています。これは将来重要になりますが、伝染病などに対するワクチン接種でチップを受けた人に化石の骨から抽出したネフィリムの遺伝子を注入する計画です。その後、反キリストが現れる頃に、右手か額にスタンプのような刻印を押されると、ネフィリムの遺伝子にスイッチが入り人間の遺伝子が変えられて獣の刻印となり、神がお造りになったDNAを無効にしてしまう。遺伝子が無効になるので神は私たちのことを神の子供と認識しなくなり、神の救済も受け取れなくなります。DNAが悪霊に取り憑かれたことになるのです」

黙14：9－12「また、第三の、別の御使いも、彼らに続いてやって来て、大声で言った。『もし、だれでも、獣とその像を拝み、自分の額か手かに刻印を受けるなら、そのような者は、神の怒りの杯に混ぜ物なしに注がれた神の怒りのぶどう酒を飲む。また、聖なる御使いたちと小羊との前で、火と硫黄とで苦しめられる。そして、彼らの苦しみの煙は、永遠にまでも立ち上る。獣とその像とを拝む者、まただれでも獣の名の刻印を受ける者は、昼も夜も休みを得ない。』神の戒めを守り、イエスに対する信仰を持ち続ける聖徒たちの忍耐はここにある。」

ワクチンの目的は堕天使、悪霊との混血・交配だった!?

ここで最大の問題は、666の刻印を受けたら、人間だけに許されたイエス様の救いから除外され、地獄に堕ちることです。

巨人ネフィリムは堕天使と罪ある人間の娘たちとの交配種です。ハイブリッドの雑種ゆえ天国には入れません。イエス様の救いの対象は純粋・純血なDNAを持つ人間だけで、堕天使のDNA混入の雑種になると、もう救われません。

今、ファイザーとモデルナのワクチンはｍＲＮＡワクチンと呼ばれる、遺伝子を変えてしまう従来型とは異なる危険な新型であると言われています。

獣＝巨人ネフィリム。刻印＝刻んで入れる印。これがネフィリムの遺伝子注入だと仮定すると、ワクチンを突破口として人間と堕天使、巨人ネフィリムの混血が始まり、もはや人は純潔な人ではなく、脳内ＤＮＡが書き換えられた人間と堕天使の雑種になります。もしそうなれば堕天使、悪霊との混血は、取り返しのきかない滅びの災難です。

ルカ13：1－3「ちょうどそのとき、ある人たちがやって来て、イエスに報告した。ピラトがガリラヤ人たちの血をガリラヤ人たちのささげるいけにえに混ぜたというのである。イエスは彼らに答えて言われた。『そのガリラヤ人たちがそのような災難を受けたから、ほかのどのガリラヤ人よりも罪深い人たちだったとでも思うのですか。そうではない。わたしはあなたがたに言います。あなたがたも悔い改めないなら、みな同じように滅びます。』」

この意味は、祭壇でほふられたいけにえの獣は、その血を注ぎ出しますが、ガリラヤ人たちはその礼拝中に総督ピラトから何らかの怒りをかって、剣で打たれ、流血死したようです。その状況を「ガリラヤ人たちの血をガリラヤ人たちのささげるいけにえに混ぜた」と表現します。イエス様はこのような混血を「災難」と言われ、「滅び」とも言われました。人間も動物も天使も異種交配してはいけないのです。

ペンタゴンで開発されたウイルスとワクチンの発表が２００５年４月に行われ、その時のビデオがリークされました。プロジェクト名は、Fun-Vaccs（vaccines for religious fundamentalism）で、このワクチンを打つと、脳が信仰深さや信仰心を失うようにできていて、中近東に撒きたいようです。

イラク戦争以来、過激派イスラム教徒掃討作戦に使うためとうたって作られましたが、本当は全世界がターゲットで、２００５年に将来インフルエンザのように呼吸器系の疫病で広めると言ってましたが、予告通り、15年後の２０２０年インフルエンザのような呼吸器系の疫病、新型コロナが広まって今、世界がワクチン接種を迫られる時が来ました。

米経済誌「フォーブス」の元アジア太平洋支局長ベンジャミン・フルフォードさんと電話で会話の際、お聞きしましたが、今回、Fun-Vaccs をワクチンに混入する計画があるとロシア経由で聞いたそうです。私はアメリカ経由の情報で聞いていましたので、これは世界中で知られた信憑性高い情報のようです。

米国立アレルギー感染症研究所（ＮＩＡＩＤ）のアンソニー・ファウチ博士は、トランプ政権が始まった２０１７年１月20日の数日前に、ジョージタウン大学のスピーチで「驚くような感染症の集団発生がトランプ大統領の時代に起こるだろう。歴史的に見てもこのアウトブレイクは避けられないことで、感染症は私たちが受け続けるであろう永遠のチャレンジなのだが、今、確かに言えることは、それがこの数年の間に起こるということだ」と確信をもって犯行予告していました。

それが今です。

世界各国でワクチン注射を受けて副反応が出た記事を集めて見ると、米英のワクチンは、開発スピード最優先のため、新技術採用で思わぬ副反応が出るリスクがあります。一方、中国のワクチンは、活性をなくしたウイルスを用いる古くからの手法で、遺伝子ワクチンと比較すると副反応が少ないようです。

オーストラリアのウイルス学者アダム・テイラーは言います。「ファイザーとモデルナワクチンに使用される技術は、これまで人間に使用されたことがない。安全性が良さそうに見えても、データがまだ十分でない」

ネフィリム遺伝子注入で、人をゾンビ化する!?

アメリカで「モデルナワクチン注射を受けて10分ほどで耳の後ろ部分が痛くなり、動悸を感じた。舌が腫れ上がり感覚がなくなった」という報告があります。従来型ワクチンの副反応は頭でなく、体の異変でした。ところがファイザーワクチンとモデルナワクチンは新型だけあって副反応も従来と異なります。インフルエンザワクチンの副反応の場合、ほとんどが注射した部位が痛む、硬くなる、赤く腫れる、だるいなど軽い症状で、全身の発疹や呼吸困難、けいれんや運動神経障害、筋力低下、手の震え、急激な視力低下でした。

しかし、今回は脳内。耳の後ろと舌。日本政府はモデルナワクチンを5000万回分（2500万人分）供給を受ける契約を締結しています。日本国内での販売・流通はメイソンマークみたいなロゴの武田薬品工業が担います。

副反応で病んだという耳の後ろと舌の付け根は、ドーパミンの出る場所です。人は祈ると脳内ドーパミンが出ます。この快楽物質により平安になりますが、イエス様が与える平安は、この世と違う平安である聖霊様の喜びです。

ヨハ14：27「わたしは、あなたがたに平安を残します。わたしは、あなたがたにわたしの平安を与えます。わたしがあなたがたに与えるのは、世が与えるのとは違います。あなたがたは心を騒がしてはなりません。恐れてはなりません。」

モデルナワクチン体験者の耳の後ろと舌の痛みは位置が一致してますから、ま

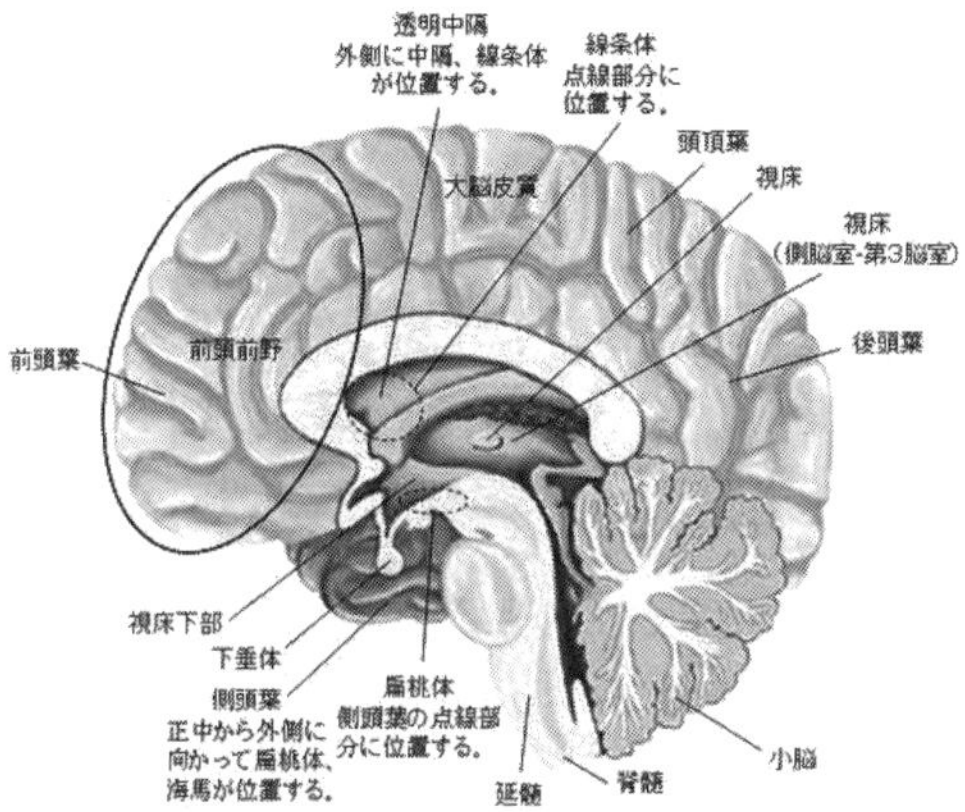

図1　ヒト脳の矢状断面（しじょうだんめん。正中線に沿った断面図）

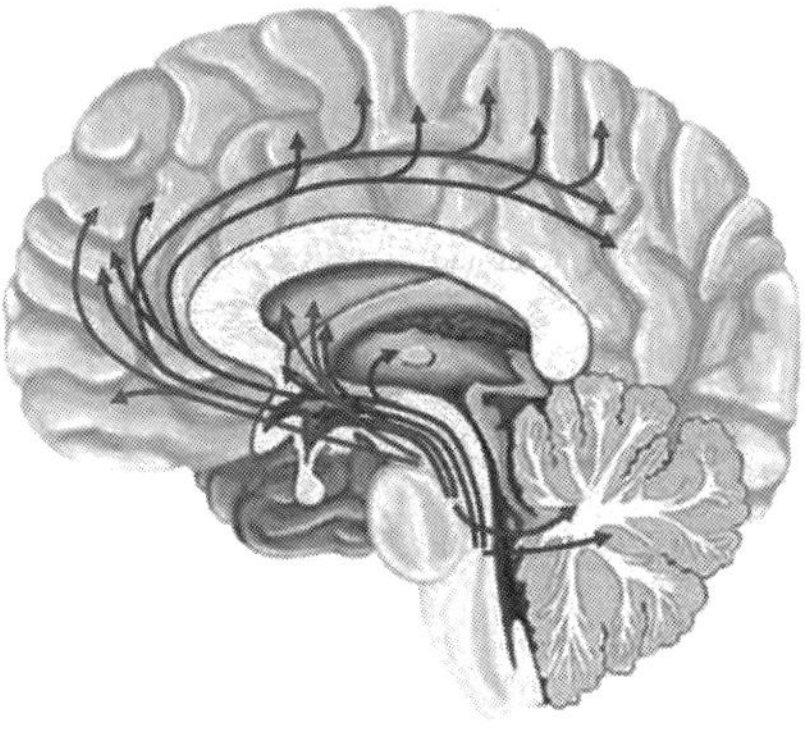

図2　ヒト脳の主な神経投射
緑：ドーパミン神経、青：ノルアドレナリン神経、
赤：セロトニン神経

さかペンタゴン開発の信仰心を消滅させるドーパミンをからす、Fun-Vaccs攻撃の痛みではないでしょうか？　人に信仰心がなくなれば世界統一は簡単です。

仮説ですが、後はネフィリム遺伝子挿入で人間を堕天使の雑種にして不活性状態で眠らせ、後に666刻印を打つとスイッチオンとなり、目覚めて活性する人間ゾンビ化計画完了です。イルミナティ幹部の一人ビル・ゲイツが持つワクチンと共にマイクロチップを人間に入れるパテント666が実用化されます。

人には脳内スイッチがあります。マウスの脳内の大脳基底核・線条体という部位の神経回路を操作で「オン」「オフ」できるように遺伝子改変した実験結果があります。線条体の機能を「オフ」にすると食欲も意欲が失せ、やる気スイッチを「オン」にするとエサを食べる意欲が出たそうです。

個別指導学習塾・スクールＩＥのテレビＣＭは、額に666刻印を受けてゾンビになった人みたいです。

悪霊たちは、神に勝利するため、軍隊の増強が必要!?

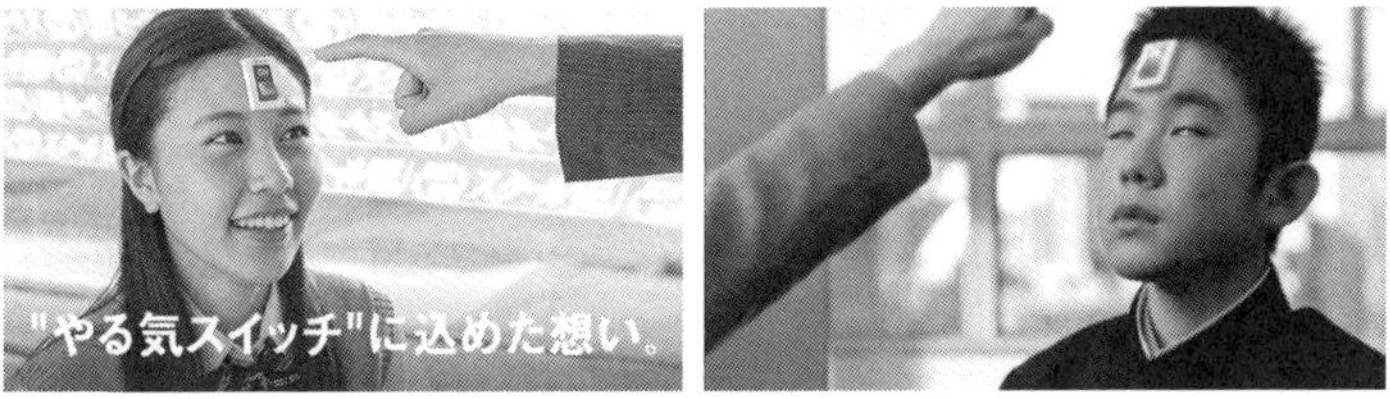

「コロナ」はゲマトリア数秘術で読むと「666」です。米国では新型コロナウイルス感染と診断すれば、病院は1万3000ドル（約138万円）受け取れます。さらに呼吸器を使用すれば3万9000ドル（415万円）受け取れます。診断と入院対応で合計553万円も病院が受け取れますから医者は積極的に新型コロナだと判定します。日本も同様の制度です。その目的はバイデンサイドがトランプサイドの新型コロナ対策の不備を誇大に指摘して攻撃材料とするために、どうしても感染者数と死者数を増やしたかったのです。事を大事のように見せて多くの人を恐れさせワクチン接種へと引き込む世界的な陰謀です。

人は心理学的に、天災や経済恐慌や大事故など、想定外の大異変が起きた時、現状を受け入れる処理能力が追いつかず、通常では行わないような行動を思わずとってしまう集団心理があるそうです。

そのような大惨事の社会的パニック時に外部から繰り返し同じ情報が与えられると、何でも言われた通りに信じて依存してしまう傾向があるそうです。

その集団心理を逆手にとったのが、3・11東日本大震災直後に繰り返しテレビ放送されたACの子宮頸がんワクチンのCMでした。

震災とまったく無関係のがん検診への勧め。あれはマインドコントロールの広報実験です。結果、その洗脳CMに影響された多くの若い女性たちが水銀大量含有のワクチンを考えることなく受け、接種後、重篤症状が表れ出しました。

「全国子宮頸がんワクチン被害者連絡会」なる救済組織ができるほど広範囲に被害者たちが出たのです。そしてその副反応は、

「不随意運動、突然意識を失う解離、しまいには母親のことさえわからなくなる記憶障害。このほかにも、痙攣、硬直、視覚障害、眼振、味覚障害、化学物質過敏、歩行困難、呼吸困難、嚥下障害など、挙げだしたらキリがない」

そして人口削減に直結する不妊症など、因果関係の証明が難しい被害者たちも非常に多いです。

今の新型コロナ騒動は3・11同様、不正なねつ造された騒動です。そんなに先急いでワクチン接種をしないで、マイナンバー紐付けへの動きや海外渡航への障害など総合的に様子見するのが知恵だと思います。

もっとも副反応で苦しむ人々がどんなに多くてもテレビや新聞では報じないでしょう。今度のトランプVSイルミナティのバイデン不正選挙に関する偏向報道によって、NHKも民放もアメリカCIA支配下で、情報操作された組織であったのが、よく学べる機会となったでしょう。先生や親に従順で大人しい子がいつも褒められるのは小学生だけ。大人は自発的に自分で何が正しいかを総合判断するのが普通です。

ACジャパン CM
がん検診

アメリカの上院議員で医師のスコット・ジェンセン氏は自然療法で自身の乳がんを治した医師ですが、新型コロナ感染者数を増やす指示を受けたと告発しています。

「健康福祉省から、『亡くなった方の死因を、新型コロナの検査はしていなくても、疑いがあれば〝新型コロナにより死亡〟とするように』との通達があったので、その死者数がテレビで報道されています。さらに、どの医師も、手術や抗がん剤、放射線治療ががんを引き起こすと知っているけれど、医師免許を失うからそれ以外の治療を行うことができない」

ＰＣＲ検査に関してもロレイン・デイ医師の動画では、「綿のスワブの先にナノのワクチン物質・成分がつけられているから、ＰＣＲ検査を受けただけで、ワクチンを打たれたのと同じです」と告発しています。

ワクチンの恐るべき秘密の機能を予測する

さて、モントーク計画の証言では、「イエス様が天の御使たちと再臨する時、サタンは自分たちのほうが数が少ないことを知っています。勢力は2対1です。だから獣の刻印が押された人が必要になるのです。そのプログラムが有効化されると人間のDNAが無効になり、悪霊のDNAを持つ超兵士となるのです。イエス様が戻ってきた時にそうなるのです。彼らは大勢の軍隊を集めています。彼らは神様に勝てると思っているのです。色々なハイブリッドを増やしているのは、人口を減らすためです」

ハイブリッド（hybrid）とは、異種のものの組み合わせ・掛け合わせによって生み出されるモノあるいは生き物を意味する語です。動物の場合は「雑種」。ハイブリッドの語源はラテン語の「hybrida」です。これはもともと「イノブタ」を意味する語で、そこから生物の掛け合わせによって生まれた動物（雑種）という意味に転じました。

馬とロバの交配によるラバ、野菜の交雑によって生まれた品種は「ハイブリッド野菜」。後に異種の要素を組み合わせた製品を形容する語彙としても用いられ、ハイブリッドカーは「エンジン（内燃機関）＋電気モーター」のように複数の動力源の組み合わせです。

巨人というと、アニメ「進撃の巨人」を連想する人も多いと思います。

そのアニメによると、なぜ人々が突如として怪物の巨人になるのか？　その秘密が注射で打たれた医薬品にあるというのです。私はワクチンに培養した巨人ネフィリムのＤＮＡ混入計画があることを知っていたから、後に漫画の情報を知った時、驚きました。先に描かれていた漫画によく似ている。それもそのはず。この連中はいつも神様の真似をして、自分たちの計画していることを事前に何らかの方法で人々に告知してから行うという独自ルールを持っているからです。

Part 3

世界の裏に巣くうのは、人間を喰らうモンスターゾンビたち！

「進撃の巨人」「鬼滅の刃」に隠された人肉食いのメッセージ！

「進撃の巨人」のシーンです。巨人は元は人間で、巨人化するための方法は、「脊髄液由来の成分」を注射で取り入れることだそうです。無知性巨人を生むために必ず必要なのは、巨人化注射。

薬品は空気に触れるとたちまち気化するそうです。

「人間の脊髄液由来の成分ではあるようなのです。それだけではないようですが、この液体は空気に触れるとたちまち気化してしまいます。分析は困難です」と書

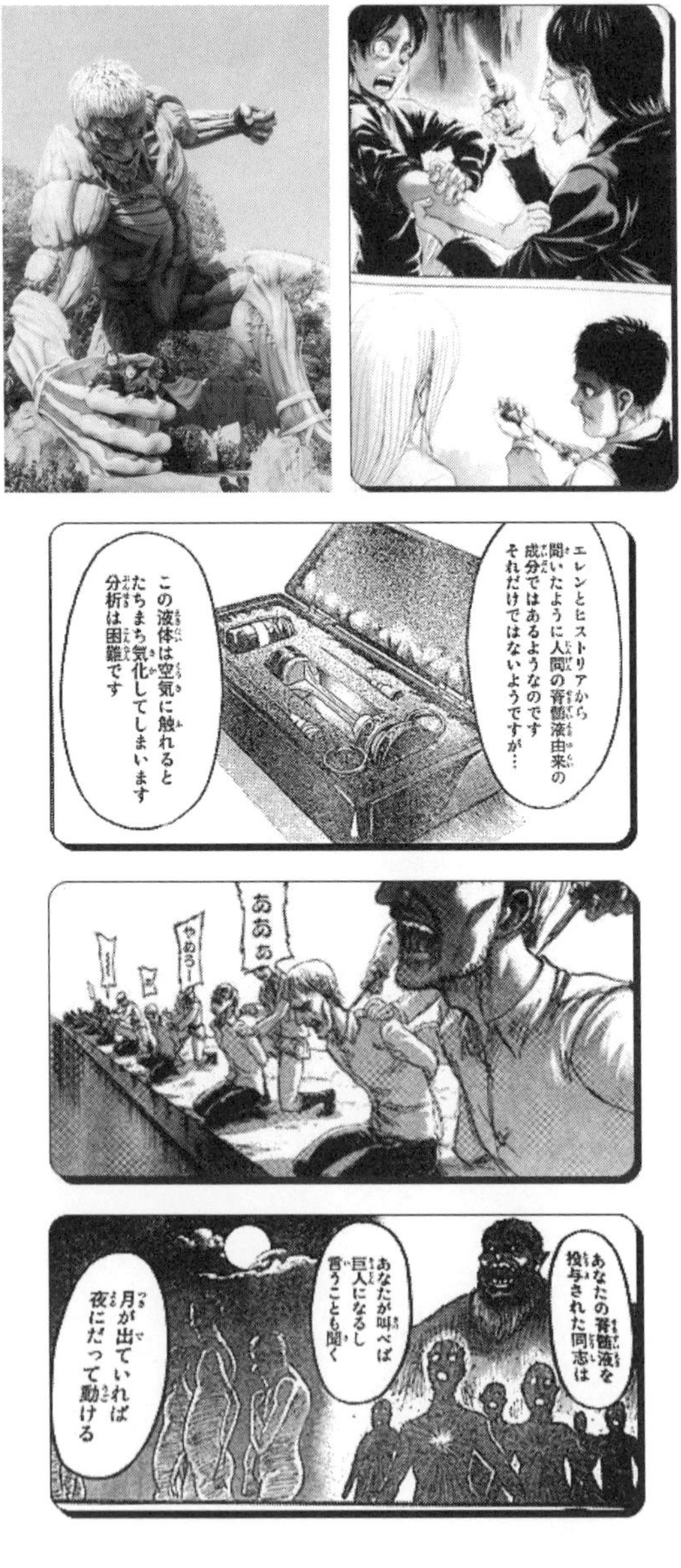
エレンとヒストリアから聞《き》いたように人間《にんげん》の脊髄液《せきずいえき》由来《ゆらい》の成分《せいぶん》ではあるようなのです それだけではないようですが…
この液体《えきたい》は空気《くうき》に触《ふ》れるとたちまち気化《きか》してしまいます 分析《ぶんせき》は困難《こんなん》です
あああ
やめろー
あなたの脊髄液《せきずいえき》を投与《とうよ》された同志《どうし》は
あなたが叫《さけ》べば巨人《きょじん》になるし言《い》うことも聞《き》く
月《つき》が出《で》ていれば夜《よる》にだって動《うご》ける

いていますが、マイナス70度の容器に入れていないと使えない今のDNAワクチンとよく似た扱い難さと、中身は秘密にしたい分析困難さです。

たくさんの人々が強制的に注射を打たれている、集団接種のシーンもあります。

「あなたの脊髄液を投与された同志はあなたが叫べば巨人になるし、言うことも聞く。月が出ていれば夜にだって動ける」と書いています。巨人化された元人間たちは、なんだか奴隷のように遠隔操作されているようです。

モントークの研究所でもワクチン接種を受けた人たちを遠隔で操れるようにしているそうです。信仰心をなくすワクチンの存在まで考えると、DNAワクチンにはかなり恐ろしい秘密機能があってもおかしくないです。知っていれば受けないワクチン接種ですが、厚生労働省の発表通り強制ではない事実をYouTubeにアップすると、なぜか規約違反の不適切動画で削除されます。やはりどうしても多くの者に受けさせたいようです。

漫画ついでに今、流行らされている「鬼滅の刃」もあやしいです。

このアニメは新型コロナ勃発と同時期にヒットし、注目されています。「進撃の巨人」の無知性巨人も「鬼滅の刃」の鬼も人間を食べます。

そういえば何度か人間の歯がマクドナルドのハンバーガー肉に混入した報道があります。米西海岸のシリコンバレーにある食品の製品分析会社のDNA鑑定でもハンバーガーに人肉が混入していたという結果が出てますが、髪の毛が混入したのだろうと釈明してます。誰か勇気と時間がある方、マクドナルドでバイトしてピンクの生肉を持ち出して、DNA鑑定企業、遺伝子情報解析センターで分析してもらってください。

アンモニア使用!? マクドナルドの肉は、定義不能!

イギリスの有名シェフ、ジェイミー・オリヴァーさんがマクドナルドに対する裁判に勝訴し、ハンバーガーの「肉」が、動物性脂肪生地とアンモニアから作られていることが証拠付けられました。本当の肉の代わりに、食用肉から出たくず肉、腱、脂肪、結合組織を混ぜたものから成るペースト状の生地とアンモニアを使用し、食品として定義不能であることが判明しています。

衝撃的なのは、米国東海岸のユダヤ教指導者ラビ・エビ・フィンケルシュタインがYouTubeで以下のように証言したことです。彼の動画は利用規約違反で削除されました。

「今でもこの国だけで年間10万人〜30万人もの子供たちを動かなくさせてるんですよ。そして、血を排出させて過ぎ越し祭りのパンと混ぜるんです。そして体は我々が所有する食肉処理場に送るんです。それらの体を全部混ぜてソーセージやハンバーガーに入れているんですよ。マクドナルドは我々のお気に入りの販路ですね。人々はそれらを朝食、昼食に食べているんです」

「我々はこれを何千年もやってきているんですよ。アダムの時代からね。我々の敵である子供たちを捕まえてシナゴーグの地下へ連れて行き、そこで彼らが死ぬのを眺めている。コーシャの屠殺のやり方といけにえを捧げるやり方は非常に似ていますね。ですから私たちはそれを行い、それを過ぎ越し祭りのパンと混ぜて、そうやって我々は敵の血を食べているんです。そして体は、我々は人食ではありませんから、血だけを取り、残りからいくらかシェケルを稼ぐのです。それらを食肉処理場に流して、それら何パウンドもの肉をすりつぶしてソーセージやハンバーガーに入れてるんです。だから我々はそれらを最も人気のあるものにしたんです。朝食にはソーセージ、昼食にはハンバーガーってね。ですから、そこにいるゴイムたちが本当に食べているのは子供たちなんですよ。そして我々が人々にこれを公に話しても君らはこれを信じない。だからこれは君らの問題なんだよ。ですが、あなた方、そこにいるゴイムたちは決して自分で学ぶことをしない。自分に教えることをしないんだ。いつだって誰かがあなたのためにやってくれるのを待っているんだ。だから君らは一生眠ったままなんだよ」

アメリカでは毎年76万5000人以上、日本でも年間8万人以上、行方不明になる理由がそこにあるようです。このことは昔から繰り返されていました。彼らは外典聖書の巨人ネフィリムが人間をむさぼり食っていたことで巨大化し、支配者となっていた史実を踏まえている。それで現代でもその史実を同様に真似したいのです。さらに子供の細胞から自らが美しく若返る化粧品アドレノクロムを作ります。イルミナティの俳優や歌手や婦人などは、アンチエイジングしています。イギリスの有名作家バンクシーもイルミナティの少女誘拐を描いています。注意するのはマクドナルドだけでなく、子供たちの大好きなディズニーランドやキャンプ場なども要注意です。

アメリカ暮らしが長い、知り合いからの情報メールです。

「アメリカのケンタッキーだかマクドナルドだかの食品工場（店舗に送る前の加工する所）がファミリープランの施設の前にあるんです。ファミリープランと言うと聞こえは良いですが、養えない子供をお腹からおろしたりするところです。人肉を人間が食べるとゾンビのようになるっていう映画がアメリカで昔ありました。その人間の加工肉はソイレントグリーンと呼ばれていて、ベジタリアン向けのケンタッキーに入ってるんでは？　という噂もあります」

エレミヤ32：35「わたしが命じもせず、心に思い浮かべもしなかったことだが、彼らはモレクのために自分の息子、娘をささげて、この忌みきらうべきことを行うために、ベン・ヒノムの谷にバアルの高き所を築き、ユダを迷わせた。」

こうした邪悪「忌むべきモレク」への子供のいけにえはフリーメイソンが慕い尊敬する彼らの教祖ソロモン王も晩年、神様から離れて行っていました。

I列王11：6－8「こうしてソロモンは、主の目の前に悪を行い、父ダビデのようには、主に従い通さなかった。当時、ソロモンは、モアブの、忌むべきケモシュと、アモン人の、忌むべきモレクのために、エルサレムの東にある山の上に高き所を築いた。彼は外国人の自分のすべての妻のためにも、同じようなことをしたので、彼女たちは自分たちの神々に香をたき、いけにえをささげた。」

日本版エプスタイン島が存在していた⁉

２０２０年に亡くなった俳優の窪●昭さん、三●●馬さん、竹●●子さんは日本にもあるイルミナティの拉致・監禁・サタン崇拝のいけにえ儀式に使う施設をよく知っていて、後にイルミナティ組織を脱退したから自殺に見せかけてＣＩＡ工作員に暗殺されたようです。

三●さんの自殺報道後に真相追及に立ち上がった父親まで病死に見せかけて暗殺です。

施設の場所は、香川県の瀬戸内にあるタレントのための保養所が怪しいです。ここはイルミナティの小児性愛者たちのセレブが集まる日本版エプスタイン島だと言われています。施設は超高級ホテルのような豪華さで、漁船でないと渡っていけない小さな孤島に、世界中のセレブが顔を出しています。

「鬼滅の刃」とコロナのシンクロニシティ

「鬼滅の刃」では、主人公の着る羽織が緑と黒の市松模様で、白黒のメソニックの床を思わせます。戦闘態勢に入ると呼吸法を使いますが、それは悪霊を憑依させて喋るオラクルたちの学校で学ぶ霊の本格的な召喚方法です。妹は鬼にかまれてウィルス感染した鬼です。そのため、人をかんで感染しないように口に竹をくわえています。現状の新型コロナ感染防止のためマスク着用と同じです。

漫画では、日中に太陽の光に当たると鬼は死んでしまうため、妹は暗くて狭い箱の中に入れて兄が背中に背負って移動します。新型コロナ感染者たちが孤独に独り隔離されることと同じで、新型コロナは太陽光に弱く、アメリカの国土安全保障省の科学技術顧問ウィリアム・ブライアンさんはトランプ大統領のコロナ流行に関する定例会見で、太陽光によって新型コロナウイルスが急速に不活性化することがわかったと発表しています。聖書でもウイルスと太陽光の関係を暗示しています。ぜひ、身の安全のために以下の聖書の言葉をあなたのものとして信じてください。疫病は暗闇に歩き回ります。

詩91：3－11「主は狩人のわなから、恐ろしい疫病から、あなたを救い出されるからである。主は、ご自分の羽で、あなたをおおわれる。あなたは、その翼の下に身を避ける。主の真実は、大盾であり、とりでである。あなたは夜の恐怖も恐れず、昼に飛び来る矢も恐れない。また、暗やみに歩き回る疫病も、真昼に荒らす滅びをも。千人が、あなたのかたわらに、万人が、あなたの右手に倒れても、それはあなたには、近づかない。あなたはただ、それを目にし、悪者への報いを見るだけである。それはあなたが私の避け所である主を、いと高き方を、あなたの住まいとしたからである。わざわいは、あなたにふりかからず、えやみも、あなたの天幕に近づかない。まことに主は、あなたのために、御使いたちに命じて、すべての道で、あなたを守るようにされる。」

伝道者の書11：7「光は快い。太陽を見ることは目のために良い。」

「鬼滅の刃」の無限列車のシーンです。「切符を切った時に眠らされたんだな。鬼の細工がしてあるんだ」と書いています。汽車内で車掌が主人公一行の切符を切った瞬間、彼らは鬼の仕掛けた夢に落ち込み眠ります。それは危険な死の眠りです。切符を改札鋏で切ることは、その乗車券に確認済みのしるしを刻んで契る「刻印」です。聖書では悪魔の666「刻印」を受けたら反キリストの支配下で、悪魔と契約が結ばれた地獄の試練を受けて、永遠に滅ぼされると預言されています。ワクチンから始まるすべての人々への「刻印」への動き、漫画はいつも事前に犯行予告しています。

レビ18：21「あなたの子どもをひとりでも、火の中を通らせて、モレクにささげてはならない。あなたの神の御名を汚してはならない。わたしは主である。」

聖書に「犬ども」は天国に入れないと書いています。

黙22：14－15「自分の着物を洗って、いのちの木の実を食べる権利を与えられ、門を通って都に入れるようになる者は、幸いである。犬ども、魔術を行う者、不品行の者、人殺し、偶像を拝む者、好んで偽りを行う者はみな、外に出される。」

魔術と不品行を盛んに行う人殺しイゼベルの最後は、窓から転落死した後、野犬がイズレエルの地所で彼女を食らい、誰も葬る者がいませんでした。

黙示録の「犬ども」とは、人間を食らう悪魔崇拝者たちです。ルカ16：21では、犬がラザロのおできを舐めていたとありますが、人間から出る液体を好んでするる呪われた犬のような連中がいます。これについては触れたくなかったのですが、「進撃の巨人」の巨人、「鬼滅の刃」の鬼の関連で避けられない話です。つまり、「人食い」の「犬ども」が今から現実に増加する予告です。

「ヘルタースケルター」とアドレノクロムの闇

日本映画で女優のライフスタイルを映した「ヘルタースケルター」があります。主人公の女優は美貌と若さ維持のために独自の方法で施術を受けていました。しかし、その施術は受け続けないと副作用で目の下に黒いアザができるアドレノクロムの存在を暴露しています。アドレノクロムは1939年に極秘で発見され、人から抽出される自然のものですが、60%も若返り効果があるホルモンで、麻薬的な快楽効果もあると言わ

れます。肌がつるつるになるアンチエイジングのため多くのリベラル派のハリウッドスターから、政治家、高官、日本の各界のセレブたちに浸透し、世界20万人の愛用者たちが顔にこれを注射しています。

原作漫画の「ヘルタースケルター」連載終了直後の1996年5月、作者の岡崎京子さんは交通事故に遭い意識不明の重体となり、2003年に単行本化、第8回手塚治虫文化賞マンガ大賞を受賞。この際、事故で療養中の岡崎さんに代わり彼女の弟が朝日新聞に受賞コメントを寄せ、2012年に実写映画化、上映されましたが、事故は暗殺未遂でしょう。

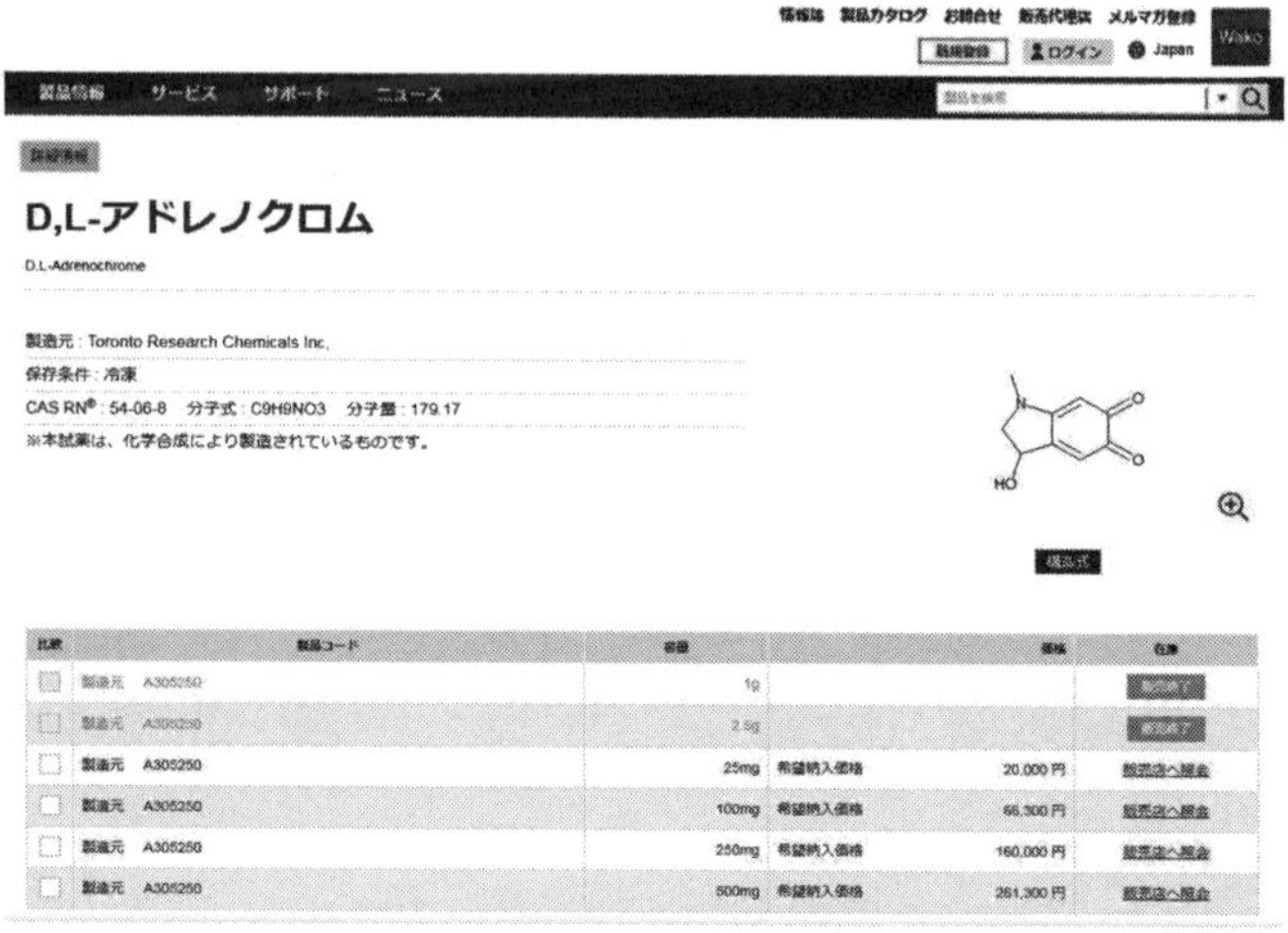

問題は、アドレノクロム製造法です。子供に恐怖を与えて、その際に血液内に恐怖に耐えるためのアドレナリンに由来するホルモンが松果体から分泌されます。これは恐怖がひどいほど多く分泌されるため、あえて拷問にかけます。それを直接血液抽出するか、もともと血中に微量にあるアドレノクロムを抽出して精製します。現在、アメリカ、中国、そして日本は、世界第3位のアドレノクロム消費大国です。某大手企業傘下の化学薬品メーカーの販売サイトでは、当初から500㎎で希望納入価格26万1300円と高額で、セレ

ブ向けです。アメリカでは、コロナワクチンを作ったファイザー社とアドレノクロムを作った会社の住所が一致しています。

このような用途の大量血液入手元が子供誘拐と、年間予算1兆5000億円以上の日本赤十字社の献血横領と言われています。赤十字社サイトの組織概要には、名誉総裁は皇后陛下。名誉副総裁は秋篠宮皇嗣妃殿下、常陸宮殿下・同妃殿下、三笠宮妃殿下、寛仁親王妃信子殿下、高円宮妃殿下と書かれています。あまりに深い闇です。アドレノクロムはその分子構造が白ウサギに似ていることから「ホワイトラビット」とも言われますが、愛の献血のイメージキャラがアドレノクロムの隠語「白ウサギ」です。けんけつちゃんは、「よろしくっち」と言っています。

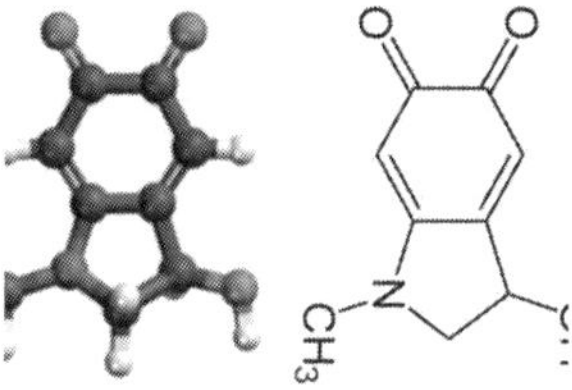

世界で、1年間に行方不明にな

る子供たちは８００万人。アメリカで年間80万人、ブラジルで年間40万人、イギリスで年間23万人、ドイツで年間10万人。日本は年間１万８０００人。一昔前の中国の一人っ子政策も子供を売る親を増やすための政策だったと言われ、中国では男の子が生まれるまで女の子を売ったり、２人目以降できた場合も売られていました。

マザー・テレサと人身売買

中国と並び、人身売買が盛んなインドのカトリック教聖人、ノーベル平和賞受賞者マザー・テレサは、創設した施設や団体が世界中に１４０もあります。資金管理団体マザー・テレサ財団を運用するのは宗教事業協会、通称バチカン銀行です。マザー・テレサは、死後に40〜50億円もの不明金が口座にあったことが判明しており、施設や団体は、人身売買の温床だったと言われています。

マザー・テレサが創設した女子修道会「神の愛の宣教者会（Missionaries of Charity)」で未婚の母が産んだ赤ちゃんの人身売買容疑で、修道女と職員の女の

2人がすでに逮捕されています。もはや、子供の誘拐は世界規模の問題です。

ルカ16：15「イエスは彼らに言われた。『あなたがたは、人の前で自分を正しいとする者です。しかし神は、あなたがたの心をご存じです。人間の間であがめられるものは、神の前で憎まれ、きらわれます。』」

Part 4

トランプと宇宙軍は、悪霊退治に立ち上がっていた⁉

Qアノンとトランプ

販売網も巧妙となり、Amazonではオフィス用家具が140万円とかで女の人の名前がつけられて売買されていて、本当は人身売買であったので、ジェフ・ベゾスが逮捕され、辞任したという噂もあります。

このような惨事に、メスを入れたのが、NSA（アメリカ国家安全保障局）の幹部たちが匿名で運営するQアノンと、トランプ大統領と、プーチン大統領と、全米のクリスチャンたちです。トランプの横の白ウサギは、アドレノクロム採取目的の子供誘拐犯たちと戦う意志表明です。ホワイトハウスでの演説で背後に積まれた箱入りの新しい17台の洗濯機。これも意味があります。アルファベット17番目はQ。Qアノンと共にディープステートを徹底的に洗い出す意志表明です。

クリントン財団の地下トンネルで……

新型コロナによりアメリカがロックダウンした時期に、クリントン財団の地下トンネルやその他の監禁所からカリフォルニアの米海兵隊によって救助された子供たちは国防総省によると、総数3万5000人にも上り、内1000人は医療

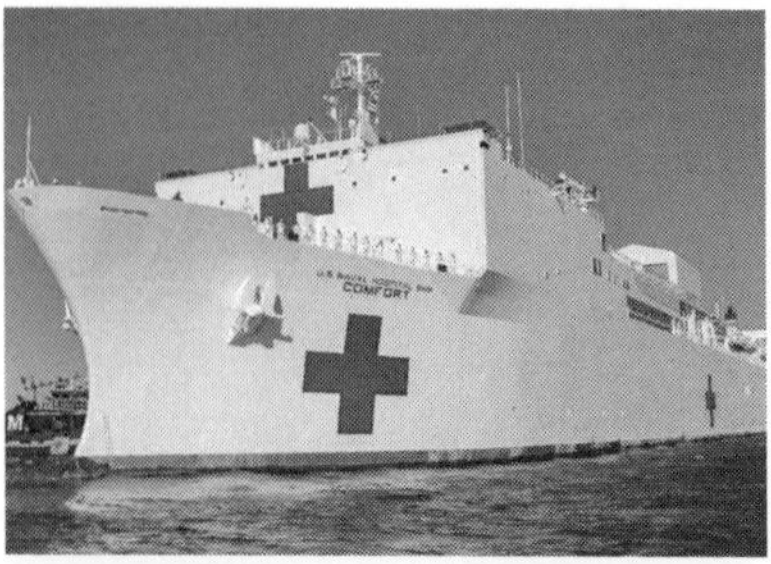

船内に収容され、多すぎたためセントラルパークには、臨時野戦病院が設営されました。NSAが事前分析でクリントン夫妻がいる時間に突入をかけ、数千人のディープステート幹部を逮捕し、地下道はアメリカ軍特殊部隊によって爆破され、ニューヨークは、震度3～4の直下型の群発地震が発生しました。

ワシントンDCの地下施設で……

ワシントンDC地下施設での軍事作戦の現在の状況報告です。

「幾千もの死体袋が運び出されるのを待っているのを目にしたことがあります。今その理由がわかりました。まだ世界中に掃除を必要とするトンネルや地下軍事基地があったからです。ワシントンDCのトンネルではなんとか生きている子供たちと死んだ子供たちが何千人もいました。彼らは臓器を摘出されました。多くは半分食べられました。私はいまだかつてこんなことは見たことがありません。

これらの地下軍事基地のトンネルは怪物ジョージ・H・W・ブッシュの命令に

より作られました。そしてそれ以降すべての大統領と議員たちが利用してきました。トランプが大統領に就任するまでいまだに勾留中であるエプスタインがこれらの情報を軍に提供しました。エプスタインは世界中のトンネルについての情報を提供し続けています。1月に、軍はその情報をトランプに伝えました。トランプは作戦の執行命令を出し軍がそこに入り、作戦を遂行できるようにホワイトハウスを後にしました。だから多数の州兵がそこに配置されたのです。バスやワゴン車や車がホワイトハウスや議事堂の中を出たり入ったりしていたのをあなた方の大半は目にしたことでしょう。州兵たちは恐ろしい状況にあるすべての子供たちの光景を見ることができませんでした。州兵の何人かがそれを見て泣き始め、泣き止むことができませんでした。写真を見ただけで私も泣きました。私は作戦遂行中そこにいなかったので、それらの勇気ある州兵たちが囚われた子どもたちを自由にする様を想像することしかできません。写真を見てトランプ大統領もメラニア夫人も、しばらく泣いていたと聞きました。それがひどいものだと警告されたのですが、彼らはどうしても見たがったそうです。

私はワシントンDCにいた時、苦痛を感じていました。なぜかはわかりませんでした。警官としてのキャリアの中でひどい光景も見てきましたがこれほどのものは経験したことがありませんでした。これらの子供たちはまったく麻酔なしで臓器を摘出されるのだそうです。良質なアドレノクロムの製造のために、十分な苦痛と拷問が与えられる必要があるからです。

地下軍事基地にはこれらすべてを管理していた大人たちがいましたが皆逮捕されました。ほとんどが特別法廷に送られ処刑されました。数人は処刑を免れましたが、その理由はわかりません。世界各地の刑務所に送られました。勇気ある兵士たちが自分たちが見たこと、そしてこの作戦中、耐えなければならなかったことに関し、長期間のカウンセリングが必要となると確信しています。

世界中の地下軍事基地が一掃されたと思っていましたが、事態はそんなに簡単ではありませんでした。非常にたくさんの軍事基地があるのです。軍はギリシャのこれらの場所や他の数えきれないほどの場所にいる子どもたちを救出するため24時間働いています。

オーストラリアやニュージーランドはしばらく前に一掃されました。作戦は恐ろしいものだったと聞きましたが、ワシントンDCでの作戦とは比べ物になりません。彼らが見た中でワシントンDCが最悪でした。ホワイトハウスと議事堂、最高裁判所の建物や周辺のすべての建物をブルドーザーで解体し、かつてそうだったような沼地に戻し鳥の楽園に変えようとする計画があります。ワシントンDCはもはや存在しなくなるのです。

良いニュースを耳に入れます。ロスチャイルドや他のカバールのメンバーは逮捕されほとんどが処刑済みです。そしてもっと良いニュースです。『アセンション、イエス・キリストの空中再臨』に備えてください。それはやってきます。はるかに素晴らしい世界が待っているのです。私たちは二度とこのようなことが起きるのを許してはいけません」

トランプの任務遂行と宇宙軍

トランプはID2020と呼ばれるビル・ゲイツの計画を中止させ、他にも次のことを行いました。

1、ワクチンは、強制ではなく任意であり、軍がその純正度をチェックし、配布することを宣言。
2、WHOへの資金を打ち切り、ビル・ゲイツのなした行為に対し、徹底的に調査を行うことを要求。
3、「COVID-19追跡法」として知られる民主党の「HR6666法案」を破棄。これは、診断法案とビル・ゲイツによる監視の設定を規定していたが、それも破棄。
4、人々がその検閲を弾劾できるように、Facebook、Twitter、YouTubeなどのプラットホームを公に非難。

それだけではありません。

世界中にあるアドレノクロム製造施設を次々と爆破。日本でも同様です！

トランプ宇宙軍により北富士演習場の地下にあった世界一の壮大なアドレノクロム製造施設を破壊！　日本のディープステートたちの大量逮捕も開始！

目撃情報では、施設に向かってミサイル攻撃した飛行物体はトランプ宇宙軍の

August 2020 is Heating Up! Explosions/Fires First Ten Days
Hyesan, North Korea
Beirut, Lebanon
UNICEF Congo
Najaf, Iraq
Volgograd, Russia
Ajman, UAE
Melbourne, Aus
Kuwait
Birmingham, UK
World Trade Center Brussels
New Haven, UK

ニュース・5時間前
陸上自衛隊の北富士演習場で火災 山梨県
山梨県にある陸上自衛隊の北富士演習場で4日夕方、火災が発生しました。けが人はいないということです。演習場では3日からアメリカ軍海兵隊による射撃訓練が行われていて、当局は火災との関連を調べています。
午前11:26・2021年2月5日

名にふさわしくＵＦＯのように見えるあのＴＲ－３Ｂが３機も投入されたと言います。

ゴム人間が多数登場とアドレノクロム

この女性（次ページ）は映画「ハリー・ポッター」シリーズで知られる女優のエマ・ワトソン。YouTube動画で見られますが、マスクをかぶった状態から、それを脱いでます。動画はたくさんあります。驚愕的マスク技術の進化です。ところでなぜ、こんな高性能な見分けがつかないほどのマスクが市場に出ているのでしょうか？　ルパン三世の変装みたいな人工皮膚でよくできています。訳あって芸能人たちが着ていると言われます。その訳は、「アドレノクロム欠乏によるアザ隠し」です。禁断症状は、一気に老化が進み、腐食が目の周囲だけでなく、両手足にも及ぶそうです。トランプ大統領が色々と暴いてアドレノクロムの供給元が急激に減っているのと、中国からの子供の供給も減って、打ち続けるのが困難で副作用が出始めた有名人たちは、大慌てです。そこで急場をしのぐため、こ

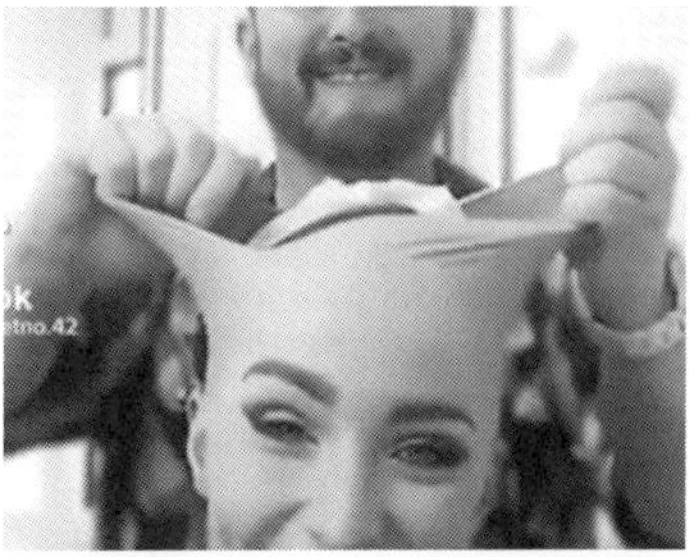

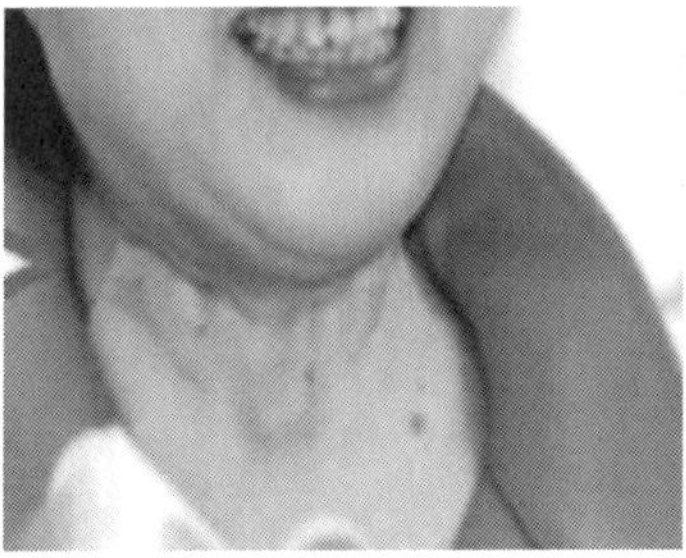

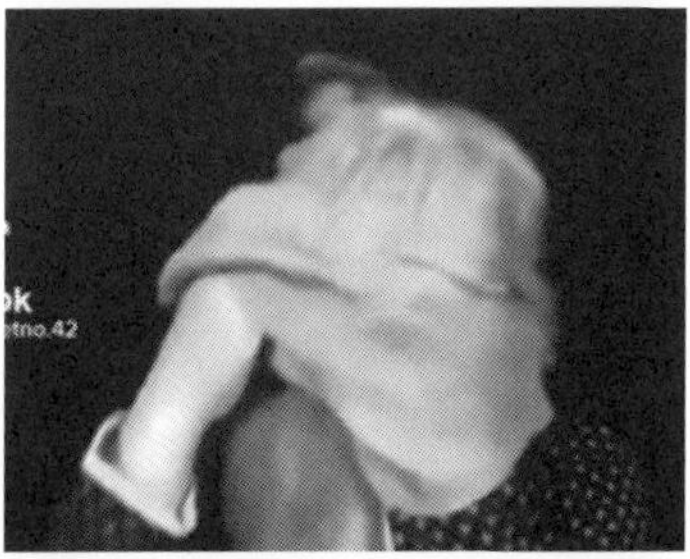

Eyes On Q @EyesOnQ · 2019/08/16
Why do so many famous people get a left black eye and get photographed with it ....

んな自分の顔通りのゴムマスクを使用した悪魔の実の能力者ゴム人間たちが増えているのです。

　トランプ大統領の功績で子供誘拐が難しくなり、アドレノクロム禁断症状の黒アザが目の周りに現れつつある有名人セレブたち。彼らの禁断症状が恐ろしいです。先述の映画「ヘルタースケルター」のストーリーでは、整形時の代償として常時、高額な薬（アドレノクロム）を服用し、整形の副作用と心身的ストレスに蝕《むしば》まれる生活を送っていた女優たちが、やがては相次いで自殺。自殺した患者の顔には「ブラックアイ」と呼ばれる禁断症状の黒いアザが多数残っていたとなっています。

アニメで示唆されるアドレノクロム

先述の通り、アドレノクロムは子供が恐怖などの特別な状況下に置かれると、抵抗するために脳内の松果体から分泌される物質のため、拷問をかけて生きながら抽出します。この秘密を暴露した映画が、ディズニーとピクサー製作の「モンスターズ・インク」。

モンスターズ・インクの業務内容は、無数に保持している〝人間の子供の部屋へ通じるドア〟から子供部屋にモンスターたちを送り込み、怖がる子供たちの悲鳴をエネルギーに変換、モンスターの世界へ供給す

るというもの。
1981年のアニメ作品「さよなら銀河鉄道999」にも人間狩りと魔のセレブ向け赤いドラッグ（命の火を抜き取る工場）が登場し、AI機械帝国のストーリーが展開されています。
また、漫画「鋼の錬金術師」でも、大量の生きた人間を材料にしてわずかな量しか抽出できない賢者の石というスーパードラッグの液体があり、これを摂取すると若いまま不老不死になります。「いったい何が？」「賢者の石の材料は……生きた人間だ!!」と書いています。
映画「スピード」で主演女優を演じたサンドラ・ブロックがトルコのテレビ番組でアドレノクロムについて語りま

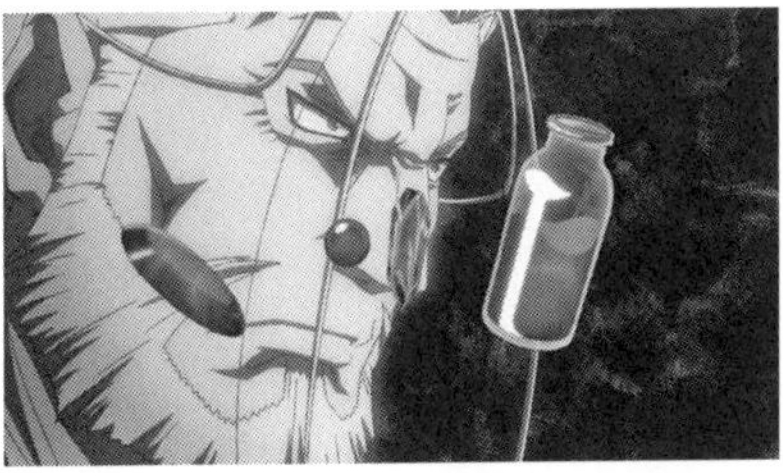

いったい何が？
賢者の石の材料は……
生きた人間だ!!

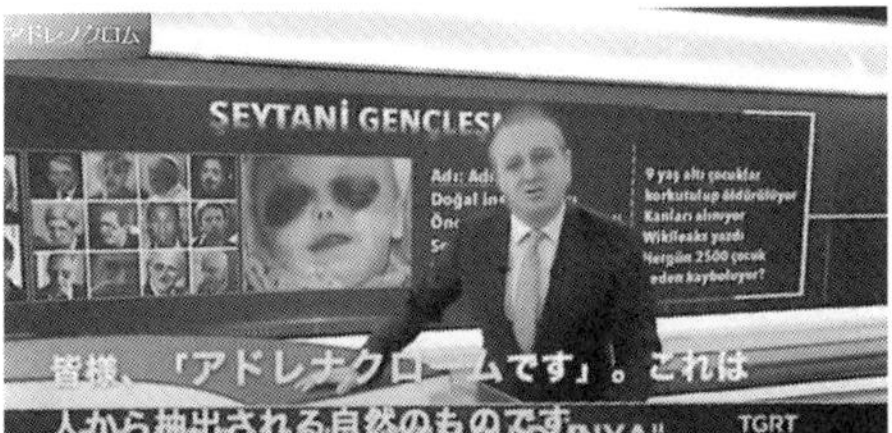
アドレノクロム
SEYTANİ GENCLES
9 yaş altı çocuklar
korkutulup öldürülüyor
Kanları alınıyor
Wikileaks yazdı
Hergün 2500 çocuk
eden kayboluyor?
皆様、「アドレナクロームです」。これは
人から抽出される自然のものです
TGRT
HABER
EKONOMİ
TGRT HABER WHATSAPP İHBAR HATTI: 0 546 780 80 80
20:39

SANDRA BULLOCK CİLDİNİN GENÇ GÖRÜNMESİNİN SIRRINI AÇIKLADI A...
CANLI
YAYINDA
İTİRAF
ETTİ!

した。

対談で彼女は、使用者として語りました。

司会者「なぜあなたはそんなにお若く、エレガントなのですか？」

サンドラ・ブロック「極小の針を入れます。ほとんどの方はご存じないと思いますが、皮膚から針を入れてコラーゲンを入れます。一日だけ火傷を負ったみたいに見えますけど」

司会者「何を皮膚に入れているのですか？　サンドラ」

サンドラ・ブロック「エステティシャンが自由にその人にとって良いと思うものを入れるでしょう。それはある皮膚からの抽出物ですが、遠くから手に入れました。とても遠くにいる人からの抽出した皮膚から作ります。とても若い人です。なぜか抽出のやり方を知っているのです。韓国の赤ちゃんの皮膚から取るのです」

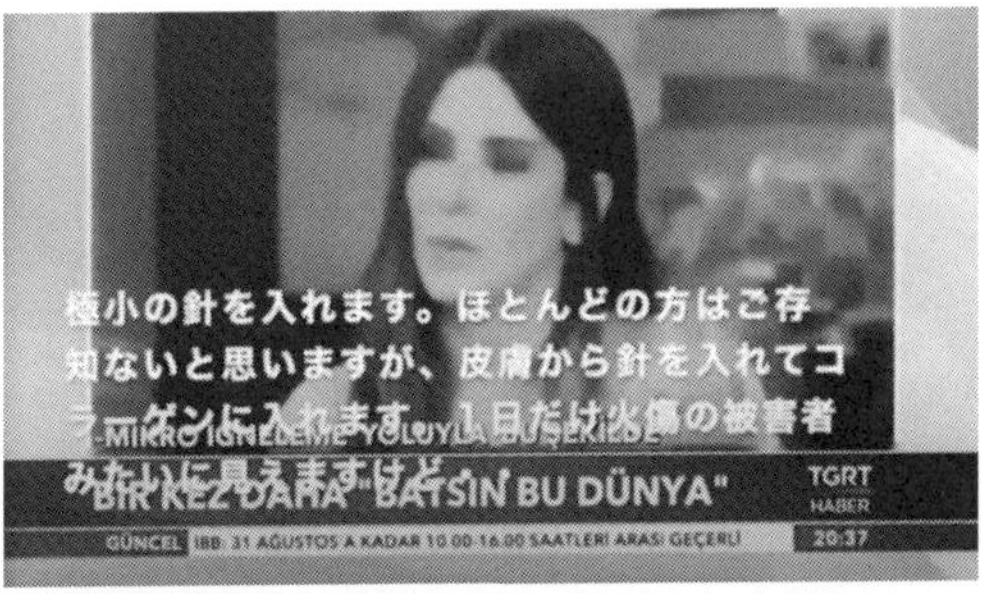
極小の針を入れます。ほとんどの方はご存
知ないと思いますが、皮膚から針を入れてコ
ラーゲンに入れます。１日だけ火傷の被害者
みたいに見えますけど。
BIR KEZ DAHA "BATSIN BU DÜNYA"
TGRT
HABER
GÜNCEL
İBB: 31 AĞUSTOS'A KADAR 10.00-16.00 SAATLERİ ARASI GEÇERLİ
20:37

CANLI
ジョニーデップです。よく見てください。３
９歳と５１歳。彼は歳をとらないですよね！
この有名なモデルさんは３０歳と４１歳。年
取らないですね。身体の管理をしっかりして
いるのでしょうね。
BIR KEZ DAHA "BATSIN BU DÜNYA"
TGRT
HABER
DÜNYA
DÜNYA GENELİNDE KORONAVİRÜSTEN ÖLENLERİN SAYISI 485 BİNİ GEÇTİ

CANLI
世界で最もハンサムな男。ブラッドピット４
２歳の時と５１歳の時。年取らないですね。
トムクルーズ 、メリルストリープ。みんなそ
うです。
BIR KEZ DAHA "BATSIN BU DÜNYA"
TGRT
HABER
DÜNYA
ETİYOPYA'DA 114 YAŞINDAKİ HASTA KORONAYI YENDİ

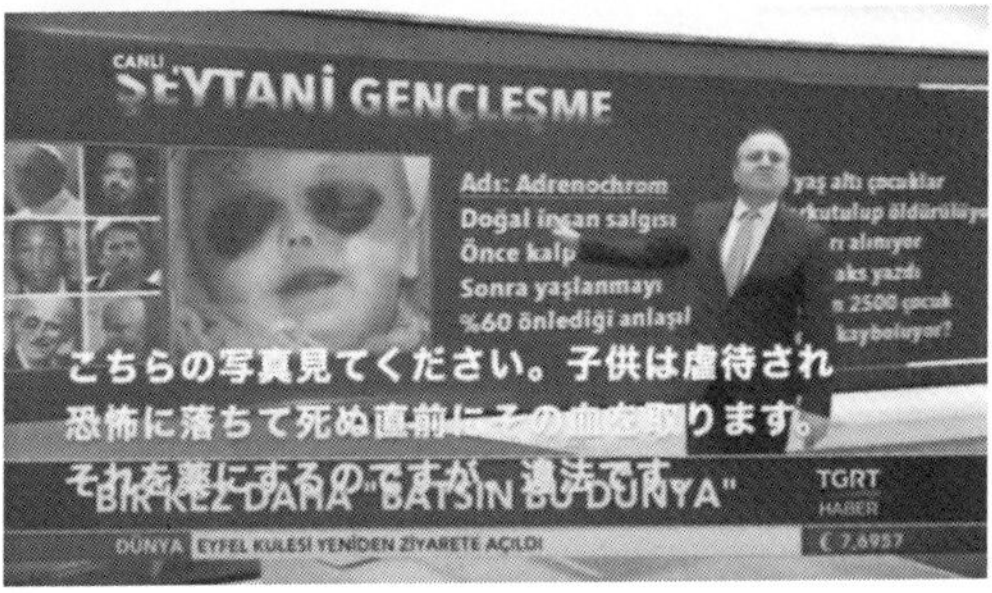
CANLI
ŞEYTANİ GENÇLEŞME
Adı: Adrenochrom
Doğal insan salgısı
Sonra yaşlanmayı
こちらの写真見てください。子供は虐待され
恐怖に落ちて死ぬ直前にその血を取ります。
それを薬にするのですが、違法です。
BIR KEZ DAHA "BATSIN BU DÜNYA"
TGRT
HABER
DÜNYA
EYFEL KULESİ YENİDEN ZİYARETE AÇILDI
€ 7,8957

司会者「ジョニー・デップです。よく見てください。39歳と51歳。彼は歳をとらないですよね！　この有名なモデルさんは30歳と41歳。歳をとらないですよね。身体の管理をしっかりしているのでしょうね」

司会者「世界で最もハンサムな男、ブラッド・ピットの42歳の時と51歳の時。歳をとらないですね。トム・クルーズ、メリル・ストリープ。みんなそうです」

司会者「こちらの写真を見てください。子供は虐待され恐怖に落ちて死ぬ直前にその血を取られます。それを薬にするのですが、違法です」

聖書は知っている⁉　終末の様相‼

違法な地下製造施設の破壊とトランプ大統領の功績、ディープステート大量逮捕で国際世論も加わり、アドレノクロムは入手が急激に困難になりつつあります。それがあのゴム人間の増加を招きますが、人間の欲望と美に対するあくなき要求は強烈で、濃度が薄くても入手したいと願うセレブたちが最後に行き付く究極の異常行動は、文字通り人食いではないでしょうか。赤ちゃん、子供、そしてこんな情報までありえます。聖書の預言では、世界の末期はクリスチャンたちが悪魔の影響を受けた者たちから迫害されます。

マタイ23：34「だから、わたしが預言者、知者、律法学者たちを遣わすと、おまえたちはそのうちのある者を殺し、十字架につけ、またある者を会堂でむち打ち、町から町へと迫害していくのです。」

キリスト教徒が迫害される理由は、歴史的に見ても信仰のゆえに、人間崇拝や偶像崇拝を拒否して義なる者は迫害されてきたのですが、どうやら終末はそれだけではないようです。

あるユダヤ教ラビの言葉です。

「あらゆる点で完全無欠のキリスト教徒の血を飲むことで、ユダヤ人はその肉体的欠陥を克服し、寄生している非ユダヤ社会の知的で文明化した人間と同じく強くなれる、と信じています」

アドレノクロム入手困難の行き詰まり打開策に最後はキリスト教徒の血を飲む選択をしかねない発言です。世界の最後は映画「バイオハザード」のようなゾンビの大軍が押し寄せる時かもしれません。

黙20：4−6「また私は、多くの座を見た。彼らはその上にすわった。そしてさばきを行う権威が彼らに与えられた。また私は、イエスのあかしと神のことばとのゆえに首をはねられた人たちのたましいと、獣やその像を拝まず、その額や手に獣の刻印を押されなかった人たちを見た。彼らは生き返って、キリストとともに、千年の間王となった。そのほかの死者は、千年の終わるまでは、生き返らなかった。これが第一の復活である。この第一の復活にあずかる者は幸いな者、聖なる者である。この人々に対しては、第二の死は、なんの力も持っていない。彼らは神とキリストとの祭司となり、キリストとともに、千年の間王となる。」

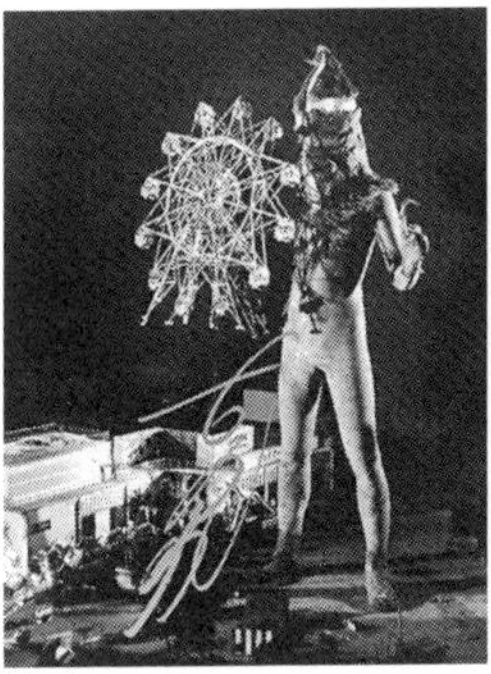

「ウルトラQ」の「2020年の挑戦」での予告！

「ウルトラQ」は、1966年、米国の「トワイライトゾーン」などをヒントに1話完結型のSFドラマとして製作され、独特の怪獣路線を融合させ、子供たちを虜にした空想特撮シリーズです。

「2020年の挑戦」は、神田博士とケムール人との交信の記録であり、ケムール人は、発達した医療により高度な知能や長寿を得ましたが、健全な肉体の維持には限界があり、2020年という未来の時間を持つ星へと送られた人間の身体を使って肉体の衰えを補おうと企んでいたという奇想天外な内容です。なんと！54年も前にアドレノクロムを予告していたのです。ドラマでは未知なる半透明のゼリー状液体に触れると人々は次々と消滅しますが、現実にはケムール人の肉体の衰えを補う糧《かて》となっていたのです。巨大で異形の姿のケムール人は誘拐怪人として登場しますが、アドレノクロム目的の子供誘拐と合致する誘拐及び監禁行動の実行犯です。

作中、ケムール人はパトカーに追われ走って逃げていますが、あきれた連中です。ちなみに映画「ゴジラ」の特撮監督として世界的に名を轟かせた円谷英二の構想下でスタートしたテレビ番組企画がこの「ウルトラQ」、日本全土に空前の怪獣ブームを引き起こし、「ウルトラマン」という巨人がヒーローとされる作品にまで発展していきます。なぜ、「2020年の挑戦」なのですか？　それはこの年に新型コロナがパンデミックとなり、トランプが動いて、アドレノクロムと子供誘拐の真相が知られるようになるからですって⁉　54年前の犯行計画！　あまりに長いスパン、あきれてものも言えないです。

彼らが計画を事前に告知してから行う理由は、悪魔崇拝者たちは聖書を信じていて、神様に心底対抗しているからです。聖書の言葉を挑戦状として受け、反抗して自分たちこそ神だと言わせたいのです。以下のような聖書の言葉に挑戦しています。

イザ41：21－23「あなたがたの訴えを出せ、と主は仰せられる。あなたがたの証拠を持って来い、とヤコブの王は仰せられる。持って来て、後に起ころうとする事を告げよ。先にあった事は何であったのかを告げよ。そうすれば、われわれもそれに心を留め、また後の事どもを知ることができよう。または、来たるべき事をわたしたちに聞かせよ。後に起ころうとする事を告げよ。そうすれば、われわれは、あなたがたが神であることを知ろう。良いことでも、悪いことでもしてみよ。そうすれば、われわれは共に見て驚こう。」

その野望的な野心も聖書に書かれています。

イザ14：13－14「あなた（ルシファー）は心の中で言った。『私は天に上ろう。神の星々のはるか上に私の王座を上げ、北の果てにある会合の山にすわろう。密雲の頂に上り、いと高き方のようになろう。』」

Part 5

ファイザーのワクチンの名、「コミナティ」とは「イルミナティ」のことか⁉

RNAワクチンはヒトを滅ぼす生物兵器！

注射器で血液の中に入れるファイザーワクチンの内容物は大丈夫でしょうか？　鬼の細工がされてないでしょうか？　導入のファイザーワクチンは「Comirnaty コミナティ」と命名されました。名前からして「イルミナティ」に似た名前で実に怪しいです。

新潟大学医学部名誉教授の安保徹氏の英文論の発表数は200本以上で免疫学の世界的権威です。ところが新聞もテレビもネットさえも、彼の急死も死因も緘口令が敷かれたように報道しません。彼の抗がん剤と人工透析についての処置不要論が莫大な既得権益を生む組織にとって煙たくて暗殺されたのでしょうか。『免疫革命』『「薬をやめる」と病気は治る』等の著書でワクチンより免疫力強化の重要性を説いていました。自然で健康的な生活の中で培われた人間本来の免疫力のほうがどんなワクチンよりも最強だと言います。むしろワクチンが他の組織・細胞を破壊し、免疫力を弱らせ、病気に負ける病弱な体にするようです。

また、「アルコール消毒やワクチンを接種することで、自分自身の免疫力を低下させることに繋がり重症化しやすくなるので危険だ」とも言われていました。

ナカムラクリニック中村篤史氏は「毒を以て毒を制す」ワクチンについて、「予防効果を期待して打つけど、発癌物質のワクチンを体に入れるからリスクが高い。不安障害、拒食症、発達障害、自閉症、てんかん、クローン病、糖尿病、ＳＩＤＳ（乳幼児突然死症候群）を引き起こす」と指摘、「ワクチンによって集団免疫ができる証拠はない」と言います。

ドイツの研究データでは、19歳までの1万7000人の子供を対象に国民調査でワクチン接種した子供たちのほうが、ワクチン未接種の子供たちよりも2倍〜5倍の確率で小児病にかかる結果が出ました。

自閉症の研究・治療団体ジェネレーション・レスキューでもカリフォルニア州とオレゴン州で、子供を持つ親を対象にワクチン接種・未接種を比較する調査を行いました。対象となった子供の数は1万7674名で結果は以下の通り。

・ワクチンを接種した子供のぜんそく罹患率は120%増
・ワクチンを接種した男児の発達障害発症率は317%増
・ワクチンを接種した男児の神経疾患発症率は185%増
・ワクチンを接種した男児の自閉症発症率は146%増

特に子供の被害が甚大で、乳児に多くのワクチンが投与されるため、許容量の数百倍を超える水銀が体内に入る状況は、水銀やアルミニウムが脳に重大な損傷をもたらしていると指摘します。イタリアでもワクチンと自閉症の因果関係が認められています。命である血に混ぜるワクチン。その中身を考えましょう。

複数回接種タイプのワクチンには神経毒である水銀と、骨、骨髄、脳の変性を起こし破壊する毒素のアルミニウムが入っています。有機水銀による水俣病を忘れてはいけないです。人間の体には、有害物質が脳へ入るのを防止するシステムが備わっていますが、メチル水銀はこのシステムを壊してしまうので脳に影響が出ます。アルミニウムが言語障害、精神障害を起こします。

子宮頸がんワクチンは確かにアルミニウムが多く、先述の通り重篤な副反応です。

5Gで脳内爆破、突然死の仕掛け

地球温暖化対策で気温低下の科学的根拠もなく秘密裏に飛行機からアルミニウム粒子のケムトレイルが大量に撒かれた実験もあります。

アルミニウム粒子の大量散布は野菜や穀物、魚類に混入して、食物連鎖で人間が摂取する生物濃縮を招きます。

さらにスマホの普及で5G電波照射によりワクチンや食器や歯の詰め物のアマ

ルガム金属が、水銀中毒の金属アレルギーを引き起こし、溶け出た水銀やアルミニウムが肺や心臓や脳に蓄積され、それが5Gの影響で引き合い接触を起こすと、徐々に膨れ上がり金属塊になり危険です。

脳の血管が詰まる「脳梗塞」「脳出血」「くも膜下出血」などを誘発し、水銀やアルミニウムが5Gで脳内爆発すると突然死です。おにぎりや焼き芋の銀紙と呼ばれるアルミホイルが電子レンジ内でピカピカ火花を出す小爆発と同じ原理です。

5G電波は、人間の脳内で観察される周波数に極めて近いため、人体、特に脳に与える影響が甚大で、5Gを早く取り入れた国や地域では、コロナウイルス感染率や死者数が桁外れに高く、時期的にも5G導入期とパンデミックは合致します。

電波と伝染病はリンクする!!

電波と伝染病の関係では、過去にもインフルエンザが流行った直前に電波に関わる大きな変化がありました。

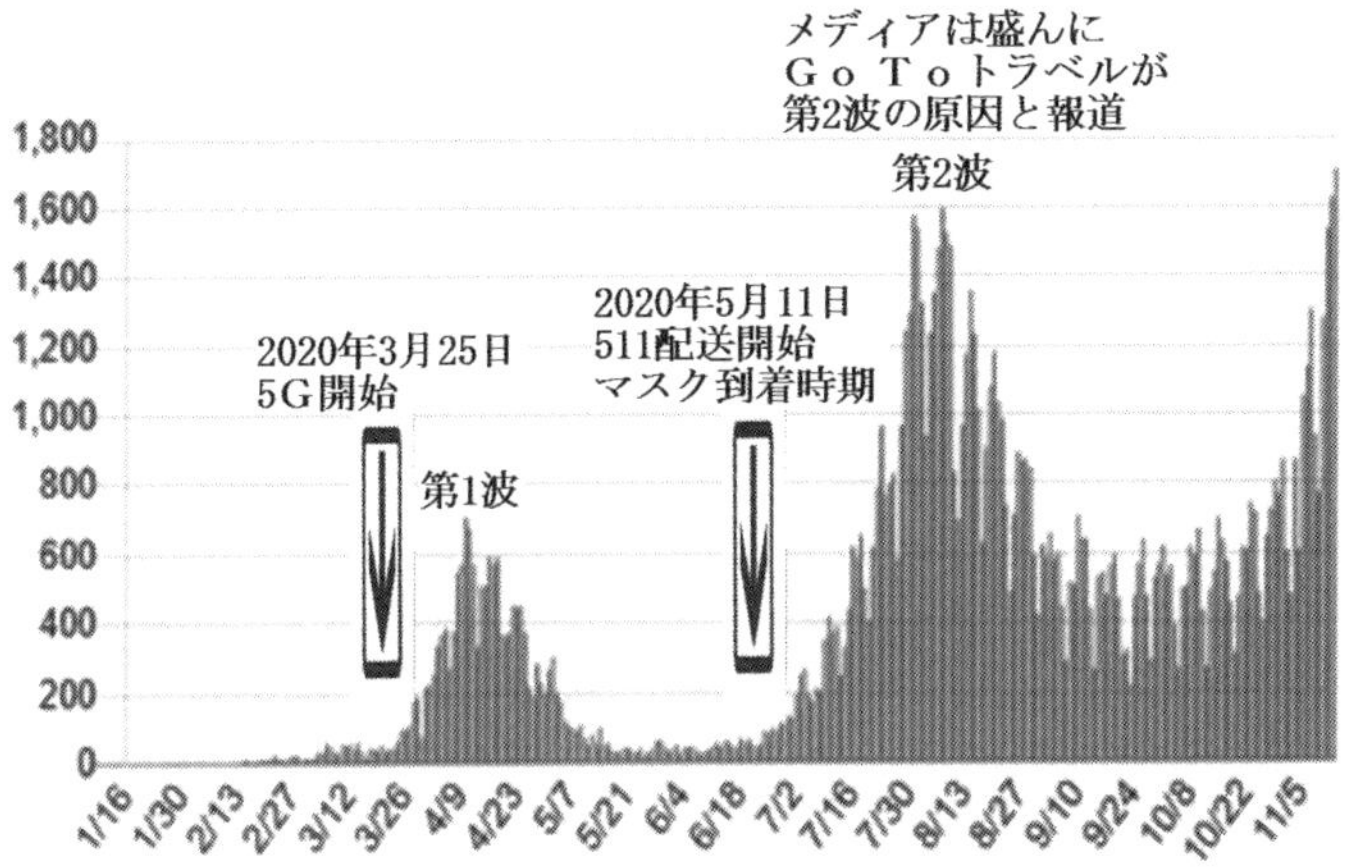

・1918年のスペインかぜ。同時期に、米軍艦にレーダーが初めて搭載され、レーダーの使用が世界的に広がりました。

・1956年のインフルエンザ大流行。アラスカ、ケープコッド、ニューヨーク湾にもレーダーが設置され、レーダーの使用が世界的に急拡大した同時期です。

・1968年の香港かぜ。地球を取り巻くバンアレン帯に打ち上げられた初めての人工衛星が運用を開始した同時期です。スペインかぜ、インフルエンザ大流行、香港かぜ、ペストも天然痘もコレラも伝染病はワクチンで治った歴史がありません。ワクチンでなく集団免疫獲得で終息しています。

・2020年の新型コロナ。日本は他の主要国に比べて5Gサービスの開始が遅れましたが、感染拡大も他国に比べて遅れました。しかし、日本で5Gサービスが開始された2020年3月25日から急速に感染者が増え始めました。

私たちの教会でも、場所がいいということで4階の屋上、十字架の横に4Gアンテナを設置する計画を楽天モバイルから打診されたことがあります。毎月7万円を振り込む、やがては5Gに入れ替わると言われましたが、断固として断りました。ベネズエラのチャベス大統領は遠隔から高周波、電磁波、プラズマエネルギーなどを流して殺害された、元CIAのスノーデンが語っていたことを忘れません。

おぞましい、ワクチン内容物を列挙する！

ワクチンの内容物は……合成界面活性剤が入っています。シャンプーや石鹸をまず思い浮かべますが、これを血液に混入するとサラサラ血液に、あ、違った。不妊症、心筋の萎縮を引き起こします。ホルムアルデヒド。これはシックハウス症候群になる防腐剤で白血病などを誘発する発がん性物質。毒物・劇物取締法で劇薬指定するほどです。ポリソルベート80。これはメスのネズミで不妊症、オスのネズミで睾丸萎縮を引き起こす不妊剤。脳内に有毒物質を流入させてしまう物質です。豚や牛のゼラチン。突然死を招くアナフィラキシー反応を起こします。グルタミン酸ナトリウム。昔の味の素。安定剤として使用するそうですが、糖尿病、発作、神経障害を起こします。脳に成分が到達し、覚せい剤と類似作用を起こします。さらに脅威は、ワクチン材料には、動物細胞の培養で生じた細菌や野生のウイルスが入ります。猿、犬の腎臓、鶏、牛、鳥、マウス脳細胞、人間の中絶児の細胞！　胎児の肺を培養したものが入ります。最終的にはここに培養した巨人ネフィリムのＤＮＡ細胞も愉快な動物たちに仲間入り？

ポリエチレングリコール！　ウィキペディアによると、生物学では細胞へのＤＮＡ導入や細胞融合に用いるそうです。細胞融合は、細胞をＰＥＧ処理することで細胞膜が結合し、ＰＥＧを取り除くと細胞が融合するため、遺伝子情報ＤＮＡを破壊し、ＤＮＡを変化させる人造人間のように自分自身でなくなる改変が懸念されます。

ファイザー製ワクチンは２０２３年５月２日まで治験中と厚労省の添付文書に書かれています。実験段階だから内容物も濃度も個人個人違い、成果確認のため接種者には個別番号があります。ワクチン直後、即死から何の影響もない人、池上彰のような影響ある人では、むしろもっと健康になったと言わせるような、快楽物質ドーパミン入りワクチンまである、まさにロシアンルーレットです。

Part 6

人々をAI生物ロボット（ネフィリム）に改変する試みがスタート！

内閣府の進めるムーンショット計画（人間サイボーグ化）

「危険性が高いのにワクチン接種が廃止されない理由は、世界のワクチン市場の売り上げは膨大だからです。インフルエンザワクチンは世界一売れる大ヒット商品です。危険なワクチン生産は、製薬会社や医学界による金儲けの手段で、マスメディアにとって製薬会社は重要なスポンサー。医療ビジネスのえじきになるな」と、どこかに書いていました。

2021年

2月12日　アメリカからファイザーワクチンが成田空港に到着。

2月13日　福島県沖に震度6強の地震。
2月14日　日曜日のため株式市場が休み。
2月15日　新型コロナウイルスの影響で倒産や解雇が相次ぐ中、日経平均株が30年前のバブル景気同様3万円を超えました。

この流れ、私にはすべてが意図的な動きに見え、メッセージ性を感じます。この地震はアメリカから日本政府への無言の脅し。「しっかり我々の計画通りワクチン接種を行え。従わないと怖いぞ。3・11人工地震の日を忘れるな」

実体経済を伴わないバブルはすでに始まりました。

スイス・ダボスで開かれた世界の首脳が集まる世界経済フォーラムで世界予測の報告書が出されました。そこはイルミナティの傘下機関だから世界予測というより犯行予告でしょう。

それによれば今後3年間は世界中の株価、仮想通貨が上昇し続け、日経平均25やダウは4万を超える好景気。確かに、世界一の人気仮想通貨ビットコインは最近、大手企業による投資や参入が相次いで最高値更新の快進撃を続けていま

す。しかし、3年後にバブルが崩壊して株価、仮想通貨が暴落し、3～5年後の間に企業の倒産ラッシュが起きます。30年前のバブルも同様の手口で高めてから落としました。5～10年後に国家の破綻など地政学的リスクにまで行くと言っていますので、参考に用心深く歩みましょう。彼らの計画通りにはならないと思いますが。

遺伝子情報DNAを破壊するポリエチレングリコールのワクチン混入は、内閣府HP推奨の2030年から始まるムーンショット計画の目標につながるのでしょうか。

「2030年までに、望む人は誰でも特定のタスクに対して、身体的能力、認知能力及び知覚能力を強化できる技術を開発し、社会通念を踏まえた新しい生活様式を提案する」

「2050年までに、人が身体、脳、空間、時間の制約から解放された社会を実現」

「2050年までに、望む人は誰でも身体的能力、認知能力及び知覚能力をトップレベルまで拡張できる技術を開発し、社会通念を踏まえた新しい生活様式を普及させる」

望む人は誰でも優れた頭脳と身体能力を得られるというムーンショット計画の目標。

内閣府推奨の人間サイボーグ化はうまく進むでしょうか？

聖書はこれについて預言します。

ダニ2：43「鉄とどろどろの粘土が混じり合っているのをあなたがご覧になったように、それらは人間の種によって、互いに混じり合うでしょう。しかし鉄が粘土と混じり合わないように、それらが互いに団結することはありません。」
「鉄と粘土」人間は土地のチリから神様が作られたので、元は土です。

混じり合うとは人間の種による性的関わりを表す原語で、遺伝子掛け合わせを暗示しています。ですから、鉄と粘土が人間の種によって、互いに混じり合うとは、様々な異種交配によるネフィリム復活だけでなく、動物と人間のハイブリッドキメラ動物。さらには、ＤＮＡ組み換えの人間と鉄パーツを合体したサイボーグ化するヒューマンライクロボット、つまり不眠不休のスーパーソルジャーを預言しています。しかし、「団結することはなく」失敗します。

脳波と連動して自然に動く腕や、義眼として小型ビデオカメラ内臓の視神経連動の眼球など代替パーツの開発速度はすさまじいですが、「鉄と粘土」の違和感は残ります。ＡＩの進化で鉄なるコンピューターと粘土なる人間の融合も今後、進みます。パラリンピックの目的もハイテク補助器具の技術開発です。

黙13：15「それから、その獣の像に息を吹き込んで、獣の像がもの言うことさえもできるようにし、また、その獣の像を拝まない者をみな殺させた。」

サタンは創造主の神様をいつも真似して王国を欲しがりますが、自分のアバターを使って、他人とコミュニケーションをとる『どうぶつの森』は、『獣の森』。VR空間に適応するために、もう準備は始まっています。

ロマ1：20－23「神の、目に見えない本性、すなわち神の永遠の力と神性は、世界の創造された時からこのかた、被造物によって知られ、はっきりと認められるのであって、彼らに弁解の余地はないのです。それゆえ、彼らは神を知っていながら、その神を神としてあがめず、感謝もせず、かえってその思いはむなしくなり、その無知な心は暗くなりました。彼らは、自分では知者であると言いながら、愚かな者となり、不滅の神の御栄えを、滅ぶべき人間や、鳥、獣、はうもののかたちに似た物と代えてしまいました。」

この時代は、遺伝子工学のマッドサイエンティストらが、「自分では知者であると言いながら、愚かな者」だと聖書は言います。それは、「滅ぶべき人間や、鳥、獣、はうもののかたちに似た物」である代用品の別物、純粋な血統でない雑種で偽物のキメラ動物ハイブリッドを作るからです。

危険な生物化学兵器として5種類の「いなご・馬・人間の女・獅子・さそり」を掛け合わせた遺伝子組み換え生物が出てくる預言もあります。

黙9：7－10「そのいなごの形は、出陣の用意の整った馬に似ていた。頭に金の冠のようなものを着け、顔は人間の顔のようであった。また女の髪のような毛があり、歯は、獅子の歯のようであった。また、鉄の胸当てのような胸当てを着け、その翼の音は、多くの馬に引かれた戦車が、戦いに馳せつけるときの響きのようであった。そのうえ彼らは、さそりのような尾と針とを持っており、尾には、五か月間人間に害を加える力があった。」

Iヨハ2：18「小さい者たちよ。今は終わりの時です。あなたがたが反キリストの来ることを聞いていたとおり、今や多くの反キリストが現れています。それによって、今が終わりの時であることがわかります。」

ノアの時代におけるネフィリムの所業

ノアの時代、巨人ネフィリムは人間たちの食物を喰いつくし、挙句の果てには人間たちをむさぼり食い、共食いまでしていました。加えて堕天使200人が動物実験のごとくに作り出した自分たちと動物たちとの交配種である危険極まりない大型恐竜や気味悪い生物の数々が、そこらじゅうに徘徊していたのです。

外典聖書では堕天使たちは天国でも背が高く、人間に似た天使だったというから、人の娘との間に生み散らかしたネフィリムも父に似た巨人となり、恐竜も大型になりました。

気味悪い生物の数々とは、堕天使が人間似だったため、今日の人間の種と動物たちを掛け合わせたキメラ動物のような生き物たちです。学者によると「キメラ動物は相当、人間に近い知性と理性を持ち合わせている」というから不気味です。

ノアの時代はどうしても滅ぼすしかない乱れきった世界でした。堕天使たちは女たちを誘惑して自分の妻とし子を産ませるために、本来知ってはならないブラック情報を教え込みました。麻薬でハイになる方法や、魔法、魔術、化粧や宝石類を通じた過激で不品行な出で立ち。その他様々な天国直伝の情報をもって狂わせ、自分たちの虜にしました。後にこれら堕天使の子を産んだ女たちはすべて呪われて魔女になったと外典聖書には書かれています。

聖書は再び堕落したこの現代に向けて警告して預言します。

マタ24：37－39「人の子（イエス・キリスト）が来るのは、ちょうど、ノアの日のようだからです。洪水前の日々は、ノアが箱舟に入るその日まで、人々は、飲んだり、食べたり、めとったり、とついだりしていました。そして、洪水が来てすべての物をさらってしまうまで、彼らはわからなかったのです。人の子が来るのも、そのとおりです。」

「ちょうど、ノアの日のよう」！　つまり、イエス様が天の雲に乗ってクリスチャンを迎えに来られる時、世界の終わりの日とは、ノアの時代同様、これら巨人ネフィリムや恐竜、キメラ生物が復活するという意味です。今がその時です。

イザヤを通して、神様はバビロン帝国の最終審判を語られましたが、七十人訳聖書では通常の聖書と訳が違います。
ある聖書学者たちは七十人訳聖書のほうが、原語に忠実に翻訳している優れた聖書だと言いますが、日本ではまだ正しい七十人訳聖書は出ていません。1種類だけありますが、それは残念ながらクリスチャンでないと自称する人物が翻訳し、かなりの誤訳がある勧められない書です。そこで翻訳が正確な英語の七十人訳聖書を引用します。

まず新改訳聖書の日本語では、
イザヤ13：3「わたしは怒りを晴らすために、わたしに聖別された者たちに命じ、またわたしの勇士、わたしの勝利を誇る者たちを呼び集めた。」
と書かれていますが、七十人訳聖書の同じ箇所イザヤ13：3を見ると、神様は世の終わりに巨人たちを呼び寄せ、滅ぼすことが預言されています！

I give command, and I bring them: giants are coming to fulfil my wrath, rejoicing at the same time and insulting.

直訳：私は命令を出し、彼らを連れてきます。巨人たちは私の怒りを実現するためにやってきて、同時に喜び、侮辱します。

さらに、同じイザヤ書にある世の終わりの状況を新改訳聖書、日本語では、イザヤ13：21－22「そこには荒野の獣が伏し、そこの家々にはみみずくが満ち、そこにはだちょうが住み、野やぎがそこにとびはねる。山犬は、そこのとりでで、ジャッカルは、豪華な宮殿で、ほえかわす。その時の来るのは近く、その日はもう延ばされない。」

平和なイメージですが、英語の七十人訳聖書ではまったく異なります。

Isaiah13:21 But wild beasts shall rest there; and the houses shall be filled with howling; and monsters shall rest there, and devils shall dance there,

直訳：しかし、野獣たちはそこで休むでしょう。家々は遠吠えで満たされなければならない。モンスターたちはそこで休み、悪霊たちはそこで踊る。

七十人訳聖書の終末預言は、モンスターである堕落天使の遺伝子を持つ雑種の巨人ネフィリム復活や、666刻印を受けた人々、キメラ生物や、恐竜まで復活して、悪霊たちが喜び踊るというのです。

聖書でイエス様は言われました。

ルカ21：26－28「人々は、その住むすべての所を襲おうとしていることを予想して、恐ろしさのあまり気を失います。天の万象が揺り動かされるからです。そのとき、人々は、人の子（イエス・キリスト）が力と輝かしい栄光を帯びて雲に乗って来るのを見るのです。これらのことが起こり始めたなら、からだをまっすぐにし、頭を上に上げなさい。贖い（天国）が近づいたのです。」

黙示録にも今後の世界が預言されています。

黙17：7－8「すると、御使いは私にこう言った。『なぜ驚くのですか。私は、あなたに、この女の秘義と、この女を乗せた、七つの頭と十本の角とを持つ獣の秘義とを話してあげましょう。あなたの見た獣は、昔いたが、今はいません。しかし、やがて底知れぬ所から上って来ます。そして彼は、ついには滅びます。地上に住む者たちで、世の初めからいのちの書に名を書きしるされていない者は、その獣が、昔はいたが、今はおらず、やがて現れるのを見て驚きます。』」

この直接の意味は世の終わりに古代ローマ帝国やバビロン帝国のような獣の国が復活するという意味です。しかし、同時に、獣の復活とは、恐竜やネフィリムやキメラ動物の復活をも意味します。

ハイブリッドたちを多数乗り込ませて人類を追放したいようです。

ノアの日の目撃者たちの伝承で書かれたギリシャ神話の巨人たちは、実在した巨人ネフィリムたちとキメラ動物たちだったと考えられます。人魚マーメイド、鳥人間ヒュギーヌスやイカロス、馬人間ケンタウロス。そのようなギリシャ神話の奇妙な巨人たちが再び世界に登場したら、見ているだけで頭が狂わされます。

　ギリシャ神話のゼウスは神話で鷲の姿に変身したり、牛に変身したり、女性に近づくために何度も変身しています。おそらく堕天使が動物に種付けしてキメラ動物を産ませた方法も変身だったと思われます。羊には羊、馬には馬のように変身して、近づいたと予測されます。漫画「バビル2世」に陸海空の守護が3種いますが、ギリシャ神話の姿形を自由に変化できる女神ロデム＝ローデム、海神ポセイドン、ロプロス＝怪鳥ロプー・ロスが起源です。漫画のロデムは黒ヒョウにも人間女性にも変身していました。やはり、堕天使たちは人間の姿に変身できただけでなく、どんなものにも変身できて生物相手に不品行を行ったようです。

Part 7

悪霊ゾンビ、ネフィリムの実在を隠蔽しろ⁉

聖書は「終わりの日」にネフィリムが復活すると預言！

恐竜と同時代にいた巨人ネフィリムの化石の骨からＤＮＡを抽出して現代によみがえらせるクローン化は、もはや可能です。人間のＤＮＡもすでにすべて解読されています。恐ろしいことに、クリスチャンを含めすべての人間のＤＮＡを書き換えてしまうプログラムがすでに稼働中です。

２０２０年12月下旬にトランプ大統領が署名した２０２１年度情報機関授権法に、ＵＦＯおよび未確認航空現象の情報開示に関するものがあり、ニューヨーク・ポスト紙やCNNなどが報じています。米情報機関が収集した機密データの詳細な分析報告書を180日以内に連邦議会に提出するように国家情報長官や国防長官らに命じたものであり、海軍、FBI、CIAなどが収集した極秘情報が報告書に盛り込まれ、トランプ大統領の情報開示命令で、隠ぺいされていたネフィリムの骨や研究資料も開示されつつあります。

ネフィリム発掘の有名産地はソロモン諸島などで、注目はイタリアのサルディニア島。数万に及ぶ巨石の墓が現存し、その下には巨人の骨が大量に埋められています！　しかも、近辺の地中を掘ると、北米やソロモン諸島と違い今でも3メートル以上の人骨パーツが多数出ています。これらを掘り起こし、DNAを抽出して、人間の母親の卵細胞に入れて産ませる、ここから大きく育て軍事利用も可能となるでしょう。地中海説では、ここここそアトランティス大陸だったから巨人ネフィリムの骨の宝庫なのでしょう。

やがて巨人ネフィリムが復活して世界の表舞台に出現するであろう最終審判の

時期は、エノク書に出ています。

エノク10：12「罰のため、審判が下るまでの間、70世代にわたり、彼ら（堕天使たち）を縛り上げ、地の底に封じ込めた。」

IIペテ2：4「神は、罪を犯した天使たちを容赦せず、暗闇という縄で縛って

地獄に引き渡し、裁きのために閉じ込められました。」

「地の底に封じ込めた」とは堕天使200人が「地獄の暗闇」に監禁されたという意味であり、同時にDNA抽出用の地中に埋もれたネフィリム化石の骨をも意味します。ノアの大洪水の時期は最新調査によると、BC2800年〜2900年くらいです。エノクは70世代の間は堕天使たちは縛られ、その後に審判が来ると預言しますが、聖書で70世代とは?

詩90:10「われらのよわいは七十年にすぎません。あるいは健やかであっても八十年でしょう。しかしその一生はただ、ほねおりと悩みであって、その過ぎゆくことは速く、われらは飛び去るのです。」

「われらのよわい」1世代は70年です。

1世代が70年なら、70年×70世代=4900年後、BC2800〜2900年（洪水時期）+4900年（70世代）=AD2000〜2100年の間が審判の時期。今、２０２１年、２１００年まであと79年。少なくとも子供世代までは必ず見られるでしょう。彼ら堕天使たちの活動再開を機に、その息子である巨人ネフィリムや恐竜モンスターたちの縛りが解ける。時期的にいつ、大暴れのダンスタイムが来てもおかしくないのです！

その時代のさまは、このようです。

マタ24：12－14「不法がはびこるので、多くの人たちの愛は冷たくなります。しかし、最後まで耐え忍ぶ者は救われます。この御国の福音は全世界に宣べ伝えられて、すべての国民にあかしされ、それから、終わりの日が来ます。」

Ⅱテサ2：6－12「あなたがたが知っているとおり、彼がその定められた時に現れるようにと、いま引き止めているものがあるのです。不法の秘密はすでに働いていています。しかし今は引き止める者があって、自分が取り除かれる時まで引き止めているのです。その時になると、不法の人が現れますが、主は御口の息をもって彼を殺し、来臨の輝きをもって滅ぼしてしまわれます。不法の人の到来は、サタンの働きによるのであって、あらゆる偽りの力、しるし、不思議がそれに伴い、また、滅びる人たちに対するあらゆる悪の欺きが行われます。なぜなら、彼らは救われるために真理への愛を受け入れなかったからです。それゆえ神は、彼らが偽りを信じるように、惑わす力を送り込まれます。それは、真理を信じないで、悪を喜んでいたすべての者が、さばかれるためです。」

世界の終わりになると突如として現れる破壊者たち

1、巨大蛇！　雄のベヘモットと雌のレビヤタン
2、復活恐竜
3、キメラ動物たちと生物化学兵器のイナゴの群れ
4、巨人ネフィリムたち
5、宇宙人のふりをしたレプティリアン
6、人間のふりをした悪霊たち

7、これら一切の仕掛け人、独裁者の反キリスト

世界の最後にはこれらの破壊者たちが地上に現れて多くの人々を惑わし滅ぼします。架空の都市伝説でもカルトでもありません。れっきとした聖書預言に基づく事実です。

1、巨大蛇！　雄のベヘモットと雌のレビヤタン

巨大蛇の出現と滅亡についてイザヤ27：1に預言があります。

「その日、主は、鋭い大きな強い剣で、逃げ惑う蛇レビヤタン、曲がりくねる蛇レビヤタンを罰し、海にいる竜を殺される。」

その姿についてヨブ41：6－16「だれがその顔の戸をあけることができるか。その歯の回りは恐ろしい。その背は並んだ盾、封印したように堅く閉じている。一つ一つぴったりついて、風もその間を通らない。互いにくっつき合い、堅くついて離せない。そのくしゃみはいなずまを放ち、その目は暁のまぶたのようだ。

その口からは、たいまつが燃え出し、火花を散らす。その鼻からは煙が出て、煮え立つかまや、燃える葦のようだ。その息は炭火をおこし、その口から炎が出る。その首には力が宿り、その前には恐れが踊る。その肉のひだはくっつき合い、その身にしっかりついて、動かない。その心臓は石のように堅く、臼の下石のように堅い。」

外典聖書によると雄の巨大蛇がベヘモット、雌の巨大蛇がレビヤタンですが、地獄の中で巨大蛇たちは出番を待って待機しています。教会のクリスチャンたちが空中再臨のイエス様の元に引き上げられた後に、7年大艱難時代に登場して人々を襲います。最近のニュースで巨大なニシキヘビと猛毒のコブラを遺伝子交配することは可能だと述べていました。これらにさらなる遺伝子操作として、恐竜の骨から抽出した恐竜のDNA遺伝子をも組み込んで巨大さを増せば、列車くらいの巨大な毒蛇も完成することでしょう。

2、復活恐竜

イルミナティカードには「Dinosaur Park」（恐竜パーク）があり、そこには柵に設置された錆《さ》びた看板が描かれていて、錆びの下に薄く読める文字は、「Over two million customers eaten」（200万以上、客たちを食べた）と書いています。「ジュラシック・パーク」のようなことを本当に計画し、実行する予定のようです。

3、キメラ動物たちと生物化学兵器のイナゴの群れ

4、巨人ネフィリムたち

巨人ネフィリムたちとキメラ動物たちの写真を前の書（恐竜と巨人《ネフィリム》は堕天使のハイブリッド！』）に載せました。興味あります方は、閲覧最大注意でご覧ください。特にキメラ動物たちは気持ち悪すぎて私は編集後、しばらくご飯が食べら

れなくなりました。

5、宇宙人のふりをしたレプティリアン

これは人間と蛇やトカゲを掛け合わせたキメラ動物です。存在しない宇宙人を恐れないでください。レプティリアンに高度な知能や特殊能力など一切ないです。ただ可哀そうな人間的理性がわずかながら残る呪われた産物のエイリアンっぽい形の動物です。将来、宇宙軍はUFOの宇宙人からの攻撃を自作自演で偽装して、公共施設を局所爆破しながら動物のレプティリアンたちをちらつかせ、軍事対策費を莫大に横領するかもしれません。

6、人間のふりをした悪霊たち

ノアの時代、堕天使はもともと天国内で巨人だったのに、地上では人の娘たちの所に入り巨人ネフィリムを産ませたことから、思いのままに小さくなれるようです。

聖書でも数人の天使が人間の姿でアブラハムやロトの前に現れたり、人の夢の中に現れたり、燃える火の中を昇ったり、様々な離れ業をしている記述があります。

漫画の「進撃の巨人」でも巨人化能力者が普段は人間として過ごしています。そんな性質を持つ堕天使たちが最後の時代に人間のふりをして訪問するかもしれません。気をつけてください。その日の啓示を受けた預言を紹介します。

「ある大きく立派な教会がありました。内部は美しく素晴らしい賛美がなされていました。人々は神様をほめたたえていました。ところが堕天使である悪霊は、この光景を見て楽しそうにしていました。事実、彼はあざ笑っていました。それから、黒い長服を着た生き物たちがその教会に浸透していくのが見えました。彼らは中に入って来て、座りました。そして、教会員たちに見える姿に変身しました。それから、彼らはふたたび黒い長服を着ていました。彼らは悪霊どもでしたが、男女の人間の姿をしているようでした。この後、その教会がそのミニストリーで補助してもらうために彼らを招くのが見えました。職務についてもらい、献金やあらゆることで補助してもらうためにです。クリスチャンたちは全くだまされていました。それから、五年が経過しました。その教会は、ほぼ空っぽでした。その教会のいたるところに暗闇が存在しました。私はその教会の建物の外部に目を向けました。すると、駐車場はひび割れしており、荒廃していました」

聖霊が離れた教会は滅びます。聖書の教えと祈りがなくなる教会は弱くなります。

神様を心で信じていても、一人で信仰を守ることは難しいです。一本の焚き木は消えやすくても、束になれば強く燃え上がり続けます。どうか十字架のイエス様をまっすぐ伝える、よく祈る牧師のいる、お近くのプロテスタント教会に通ってください。将来天国に入る準備を今の時にしなければならないのです。死後に悔い改めてイエス様を信じても、そこではすでに裁きは決定されており手遅れです。今が救いの日、恵みの時です。

ヘブル10：25「ある人々のように、いっしょに集まることをやめたりしないで、かえって励まし合い、かの日が近づいているのを見て、ますますそうしようではありませんか。」

7、これら一切の仕掛け人、独裁者の反キリスト

最後の時代に破壊者たちを次々送り込むのは悪魔、別名サタンの仕業ですが、最後にサタンが直接管理で大きく使う災いの人、反キリストが台頭します。彼が登場すると、世界はかっさいして彼を受け入れます。それは彼が、誰も経験したことのない平和と繁栄をもたらすからです。彼が世界の支配権を手に入れると、666の刻印がなければ売買できなくなります。彼は人気を博し、評価を得て、世界の諸問題をあたかも無に等しいものにしてしまいます。しかし最後には、平和は流血の事態となり、その繁栄は全地にわたる大飢饉となります。大きな迫害があり、艱難は大きくなっていきます。しかし、イエス・キリストはそれらすべての中から助け出してくれます。その悪の時代が来る前に、霊と真理によって神様を礼拝する力強い軍団を起こします。その軍団は奇蹟と偉大なすばらしいことを行います。

黙3：10－11「あなたが、わたしの忍耐について言ったことばを守ったから、わたしも、地上に住む者たちを試みるために、全世界に来ようとしている試練の時には、あなたを守ろう。わたしは、すぐに来る。あなたの冠をだれにも奪われないように、あなたの持っているものをしっかりと持っていなさい。」

Part 8

断固とした人口削減、ワクチンはその一環！

「ガイドストーン」は「聖書」から計算されており、必ず実現する！

これはかなり楽観的な数字で計算してお伝えしますが、聖書の預言を根拠にガイドストーンと言われる人口削減計画は計算されています。

仮に現在の世界人口を80億人として、最後にクリスチャンたちが全世界に半数の40億人いたとの仮定です。楽観的と言いますのは、人口の半数が最後にクリスチャンになるという根拠がある聖書預言が前提での仮説だからです。

聖書では7年間の大艱難時代が来ると同時にクリスチャンたちが空中に降りて

こられたイエス・キリストのもとに引き上げられる空中携挙（ラプチャー）が起きます。その時の状況をイエス様はこう預言されました。

マタ24：40―42「そのとき、畑にふたりいると、ひとりは取られ、ひとりは残されます。ふたりの女が臼をひいていると、ひとりは取られ、ひとりは残されます。だから、目をさましていなさい。あなたがたは、自分の主がいつ来られるか、知らないからです。」

ここでは2人に1人、50％の確率で空中に上る本当のクリスチャンがいることになります。また10人の花婿を待つ花嫁のたとえ話でも、賢く準備できていた5人は引き上げられ、準備できていなかった5人は残されます。これらのメッセージを楽観的に採用すると、空中携挙の日には50％の確率で急速に増加したクリスチャンたちが全世界にいることになります。そこで、半数のクリスチャンがいなくなり、残された40億人の世界人口になった後に起きる7年間の大艱難時代は、次々と災害が連続します。

黙示録6章の預言では、この7年大艱難時代に入るとクリスチャンたちが空中に引き上げられてから台頭した反キリストが独裁し、戦争が起き、その後はルカの福音書通り、大地震があり、方々に疫病や飢饉が起きます。

ルカ21：10－11「それから、イエスは彼らに言われた。『民族は民族に、国は国に敵対して立ち上がり、大地震があり、方々に疫病やききんが起こり、恐ろしいことや天からのすさまじい前兆が現れます。』」

その「ききん」は黙示録6章では、1日の給料でわずかなパンの原料しか買えないハイパーインフレーションで経済的にも混乱します。

黙6：6「すると私は、一つの声のようなものが、四つの生き物の間で、こう言うのを聞いた。『小麦一枡は一デナリ。大麦三枡も一デナリ。オリーブ油とぶどう酒に害を与えてはいけない。』」

飢饉災害に続いて「剣とききんと死病と地上の獣によって殺す」災害が起きます。

黙6：8「私は見た。見よ。青ざめた馬であった。これに乗っている者の名は死といい、そのあとにはハデスがつき従った。彼らに地上の四分の一を剣とききんと死病と地上の獣によって殺す権威が与えられた。」

まずは半分の40億人へ

ここで人類の「四分の一」を殺害とあり、現在の80億人から人口半分のクリスチャンたちが去り、さらに地上に残された40億人のうちから「四分の一」の10億人が殺され、この時点で30億人が生き残ります。ここで注目は災害リストには「剣とききんと死病」に並んで珍しい「地上の獣」が含まれていることです。

現在、野生動物は激減していて人を襲うどう猛な野生の肉食獣はさらに徹底駆除と密猟、地球環境の急激変化に順応できずに絶たれ、絶滅危惧種として稀なる存在になりつつあります。

どこに「剣、ききん、死病」と肩を並べて書かれた「地上の四分の一」を滅ぼせるほど凶暴で大量な「地上の獣」がいるでしょうか？　都会にはライオンもトラもゴリラや熊、狼や狂犬さえも滅多にいません。しかし、今から大量生産でこれらが「地上」に出てきます。それが、バイオテクノロジーの進化で人工的に「地下」で秘密裏に作られた暴れる人食い巨人ネフィリムたちや恐竜たちの復活と、遺伝子組み換え技術によって人工的に作られた凶暴な「地上の獣」たちです。聖書預言の「地上の獣」には「野の動物」だけでなく、悪性ウイルス保有の生物化学兵器として改造された攻撃的なイナゴや蚊ウイルスや殺人蟻など「小さな虫」も含まれているでしょう。

ハルマゲドンで20億人へ

こうして人口が30億人に削減された後、次なる災害は噴火による赤潮と水産業壊滅、巨大隕石の落下です。隕石含有の放射能で汚染された川の水を飲んで多くの人が死に、人口は30億人以下になります。

黙8：8－11「第二の御使いがラッパを吹き鳴らした。すると、火の燃えている大きな山のようなものが、海に投げ込まれた。そして海の三分の一が血となった。すると、海の中にいた、いのちのあるものの三分の一が死に、舟の三分の一も打ちこわされた。第三の御使いがラッパを吹き鳴らした。すると、たいまつのように燃えている大きな星が天から落ちて来て、川々の三分の一とその水源に落ちた。この星の名は苦よもぎと呼ばれ、川の水の三分の一は苦よもぎのようになった。水が苦くなったので、その水のために多くの人が死んだ。」

その後は、ハルマゲドンと呼ばれるメギド地域で世界最終戦争が起きます。この戦争で人類の三分の一が殺され、生存者30億人以下から「三分の一」の10億人が削減され、生存者は20億人以下になります。

黙9：15−18「すると、定められた時、日、月、年のために用意されていた四人の御使いが、人類の三分の一を殺すために解き放された。騎兵の軍勢の数は二億であった。私はその数を聞いた。私が幻の中で見た馬とそれに乗る人たちの様子はこうであった。騎兵は、火のような赤、くすぶった青、燃える硫黄の色の胸当てを着けており、馬の頭は、獅子の頭のようで、口からは火と煙と硫黄とが出ていた。これらの三つの災害、すなわち、彼らの口から出ている火と煙と硫黄とのために、人類の三分の一は殺された。」

さらに10億〜5億人へ減っていく……

ハルマゲドン世界最終戦争の結果、世界人口は20億人以下ですが、ここから実際には、7年大艱難時代の始まる年に、ロシアがイスラエルに軍事侵攻して勃発する第三次世界大戦、その死者数や聖書に記載がない死者数不明の大迫害による死者数等を加算すると、世界人口は20億人が最終的には10億人？　あるいは5億人になるかもしれません。ワクチン効果も随時、現れるからです。

そこで、ジョージア州エルバート郡に建立された御影石の記念碑「ジョージア・ガイドストーン」の予告が実現します。高さ約6m、重量約109トンの6枚の石板に8つの言語で書かれたメッセージは、「10のガイドライン」と言われ、その内容が陰謀論的な憶測を呼んでいます。幸いか、無視されたか、8言語に日本語は含まれていません。

10のガイドライン、その中身とは？

1979年6月、R・C・クリスチャンと名乗る匿名人物がエルバート郡内の購入地に建造を発注。現地の観光スポットになると共に批判対象になり、「新世界秩序に死を」などのスローガンがウレタン塗料で石の上に書き込まれ、落書き、汚損、改変行為が繰り返されています。おそらくこの記念碑の設置主はイルミナ

ティでしょう。問題発言の「10のガイドライン」とは、

1、大自然と永遠に共存し、人類は5億人以下を維持する。
2、健康と多様性の改善、再生を賢明に導く。
3、新しい生きた言葉で人類を団結させる。
4、熱情・信仰・伝統・そして万物を、沈着なる理性で統制する。
5、公正な法律と正義の法廷で、人々と国家を保護する。
6、外部との紛争は世界法廷が解決するよう、総ての国家を内部から規定する。
7、狭量な法律や無駄な役人を廃す。
8、社会的義務と個人的権利の平衡をとる。
9、無限の調和を求める真・美・愛を賛える。
10、地球のがんにならない——自然のための余地を残すこと。

1、「人類は5億人以下を維持する」この発想が、聖書預言の第三次世界大戦からハルマゲドン世界最終戦争に至るまでの7年間の殺し合いの結果、「5億人

以下」という数値目標を達成、維持することに合致しているのではないでしょうか。

偽名の設置者の名前R・C・クリスチャンもキリスト教徒に似た聖書関連を匂わせています。

支配者たちはどうしても人口削減したい

国連の支配者はロスチャイルド、ロックフェラー財閥ですが、2002年にロックフェラー家が国連総会に宛てて送った『新世界秩序 即時的アジェンダ』と題した文書に「新世界のためのアジェンダ（行程表）」の概要が6つ記されています。

彼らの強い野望を前面的に表明した犯行計画ですが、これも聖書関連を匂わせています。
1、中東和平の完全かつ解決不能な崩壊。

2、バチカン市国とエルサレムが宗教テロリストによって破壊される。あらゆる宗教活動が世界的に禁止される。
3、世界的な平和と安全保障の宣言に続き、国連において暫定的な世界統一政府が樹立される。
4、新しい世界統一政府の住民が謀反を起こす。英国や米国、そして中国の政府が突然システマチックに崩壊する。残りの地域は無政府状態に陥り、数十億人が死亡する。善意の人々、真理に従う人々だけが生き残る。
5、新しい政府機構は、14万4000人のエリート官僚と600万人の役人が支配するであろう。
6、新世界の到来と同時に、大規模な掃討作戦が開始される。その後、生態系の回復、インフラ再建、病気の根絶が起き、老化のプロセスそのものが止まる。そして回復を果たした〝新人類〟が、地球を天国のような状態へと徐々に変えていく。

5、「14万4000人のエリート官僚」という数字は聖書からの引用です。

黙7：4「それから私が、印を押された人々の数を聞くと、イスラエルの子孫のあらゆる部族の者が印を押されていて、十四万四千人であった。」

この本来の意味は、7年大艱難時代にユダヤ人12部族が回復してイエス・キリストを神であると信じてみな救われるようになることを預言した箇所です。

ロマ11：25－27「イスラエル人の一部がかたくなになったのは異邦人の完成のなる時までであり、こうして、イスラエルはみな救われる、ということです。こう書かれているとおりです。『救う者がシオンから出て、ヤコブから不敬虔を取り払う。これこそ、彼らに与えたわたしの契約である。それは、わたしが彼らの罪を取り除く時である。』」

国連の目標は「選択的に人口削減すること」で中絶、強制不妊手術と人間の生殖をコントロールすることを推奨する。人口の3分の2を過剰な荷物と見なしている。1日に35万人が排除される中で人口増加は環境破壊の主な原因である。

どうしても彼らは人口削減を実現したいようです。一方、黙示録7：13－14には7年大艱難時代を逃れ、天国に移されたクリスチャンたちが預言されています。「長老のひとりが私に話しかけて、『白い衣を着ているこの人たちは、いったいだれですか。どこから来たのですか』と言った。そこで、私は、『主よ。あなたこそ、ご存じです』と言った。すると、彼は私にこう言った。『彼らは、大きな患難から抜け出て来た者たちで、その衣を小羊（イエス・キリスト）の血で洗って、白くしたのです。』」

コロナ偽パンデミックと天敵による人口削減

私は薄型90センチ水槽で熱帯魚を飼っています。ひらひら綺麗なグッピーが大半ですが、青く光るカージナルテトラも5匹混ぜました。するとカージナルは生まれたグッピーの稚魚たちを素早く食べるのでグッピーはなかなか増えません。ところが、次第に老いたカージナルが減って、残り1匹の現在、何も特別なことはしていませんが、グッピーが急増中です。なるほど人口調整は可能だなと思います。要は天敵をいかに多く置くかであり、天敵数で微調整できます。人間の人口削減も同様です。天敵は、政府の政策から始まる経済貧困で結婚できない若者たち、メディア操作による意識変化、そこには同性愛者増加による少子化も含まれ、最も多い死因のがんや心疾患の背景には抗がん治療問題をはじめ、薬漬け医療による重篤化、１５００種類と世界一多い食品添加物やワクチン問題も絡んでいます。毎年数万人と発表される自殺も、未遂や不審死も含めれば数十倍となり、新型コロナ感染症より、はるかに多くの日本人が自殺で亡くなってます。

小松左京は口封じで、殺された⁉

小松左京の１９７３年の小説『日本沈没』では、「アジア東部の大陸棚、とりわけ日本列島弧を中心にして、巨大な地殻変動が起こりかけている、というアメリカ測地学会の発表が電撃のように世界をゆすぶったのは、3月11日、当初予定されていた政府発表の期日の三日前だった。アメリカでの発表は東部時間の午後2時」と、38年後を犯行予告し、震災は「日本が人口減少に転じる年」とも書いています。小松は予告的中した2011年の7月、肺炎で病死しますが、インタビューを避けた口封じの暗殺では……。そして、5年に1度行われる国勢調査では、右肩上がりだった日本人口は、2010年の1億2800万人をピークに2011年から減少に転じました。

初めから子供を減らすためのワクチン、産婦人科、農薬だった⁉

彼らは様々な手段で人口調整しています。

一つは子供を減らすことです。1972年に発見されたWHO内部書類には、「世界人口操作のためのワクチン型生物兵器の開発の必要性」が説かれています。生まれた子供に予防接種をして免疫系を弱体化させる。体内の血中に人為的操作可能な不活性化、無毒化したウイルスを植え付けておき、時が来たら666刻印でスイッチを入れて免疫系統に支障を生じさせ、植え付けたウイルスを活性化させます。

今は助産院の自然分娩ではなく、病院での出産が主流です。妊婦への産婦人科医薬品の数々が胎児に毒となり、発達障害、精神障害、自閉症障害を抱えた赤ちゃんがいかに増えたことでしょうか。

陣痛促進剤、麻酔、早産の帝王切開、人工授精などすべてリスクの高い胎児への毒で、これらが戦後、アメリカの主導で産婦人科に導入されてから助産院の自然分娩より8倍も多く障害児が生まれるようになりました。

先天的自閉症のまま大人になると経済的にも厳しくなり、気も弱くて結婚が困難、人口削減につながります。

妊婦が、農薬ネオニコの残留野菜を食べると数時間以内に胎児へ移行し、農薬ネオニコは胎児の脳にまで浸透し、脳神経伝達に悪影響を与え、生まれた胎児は、発達障害の兆候を見せます。農薬使用率と発達障害の有病率が一致し、農薬の使用率が多い国ほど自閉症など発達障害児が多いです。

ヨーロッパ諸国が農薬ネオニコの規制を強化・廃止する流れに逆行して、戦略的な人口削減計画の管理下で日本政府は、ネオニコの残留基準値を上げて使用を増やす誤った進路に暴走しています。

自閉症の子を持つ母親の「マムズ・アクロス・アメリカ」（全米母親の会）が

研究機関に5種類のワクチン成分分析を依頼した結果、それらすべてからグリホサートが検出され、未就学児童が全員接種のMMRワクチンからは高濃度農薬が検出されました。

悔しいけど製薬会社を動かす闇の陰謀は現実です。

2015年、TED Talksでのビル・ゲイツの講演内容も「もし次の疫病大流行が来たら、私たちの準備はできていない」「まずは人口です。現在、世界人口は68億人です。90億人程度まで増加します。しかし、新ワクチンや保健医療、生殖関連で十分な成果を収めれば、おそらく10%から15%抑えることができるかもしれません。しかし、今は増加率を1・3%と見ています」と語り、近い将来、人類の脅威となるのは「戦争による核爆弾」ではなく、「空気感染するウイルス」と予告し、「ワクチンによる人口削減」を推奨しました。その目的でビル&メリンダ・ゲイツ財団やMastercardは新型コロナ対策医薬品開発に約130億円の出資を約束しました。

聖書はすべてを知っている!?

イエス様は最後の日の状況を預言されました。

マタ24：19－22「だがその日、哀れなのは身重の女と乳飲み子を持つ女です。ただ、あなたがたの逃げるのが、冬や安息日にならぬよう祈りなさい。そのときには、世の初めから、今に至るまで、いまだかつてなかったような、またこれからもないような、ひどい苦難があるからです。もし、その日数が少なくされなかったら、ひとりとして救われる者はないでしょう。しかし、選ばれた者のために、その日数は少なくされます。」

ルカ21：26－28「人々は、その住むすべての所を襲おうとしていることを予想して、恐ろしさのあまり気を失います。天の万象が揺り動かされるからです。そのとき、人々は、人の子（イエス・キリスト）が力と輝かしい栄光を帯びて雲に乗って来るのを見るのです。これらのことが起こり始めたなら、からだをまっすぐにし、頭を上に上げなさい。贖いが近づいたのです。」

今、これらのことが起こり始めています。贖いが近づいています。今こそ、「からだをまっすぐにし、頭を上に上げる」永遠を念頭に神様を仰ぎながら祈る時です。天を見上げて終末を意識して、これを語る時です。これは宗教ではないです。都市伝説でもない現実。あなたと私の永遠の救いの時であり、滅びる世界から救われる最後のチャンスです。歴史ではヒトラーのユダヤ人大量虐殺ホロコースト後に、計画通りイスラエルが建国されました。預言者エゼエルが見た幻でも、大量虐殺されたイスラエル人の骨がひどく干からびた惨事を見た後、彼らは生き返り立ち上がりました。

エゼ37：10－11「私が命じられたとおりに預言すると、息が彼らの中に入った。そして彼らは生き返り、自分の足で立ち上がった。非常に多くの集団であった。主は私に仰せられた。『人の子よ。これらの骨はイスラエルの全家である。」

パターンはいつも同じく、大量虐殺後に国家再建、大量虐殺後に集団復活です。世界の終わりはまさに大量虐殺の時、人口80億人が5億人以下になる時、人類史は終焉を迎え、新天新地なる神の国、天国が到来します。

Part 9

かつて作られ、実在したバケモノたちを一挙公開！

閲覧注意　小人（妖精）、鬼、竜、人魚、巨人の実在証拠！

都市伝説ではなかった！　これらは実在したキメラ動物の化石を証拠に語り継がれた。

映画登場の怪物さえ実在した、キメラ動物の化石を元に再現されていた！

昔、鬼、かっぱ、龍神、天狗など日本にはたくさんの妖怪たちがいたと言われています。

根拠の火なく、神話の煙は立たないようで、200人の堕天使による遺伝子操作で作られた奇妙なキメラ動物たちがノアの時代に大洪水で滅ぼされるまでは多数、地上に存在していました。

外典聖書の巨人の書では堕天使たちが地上の生き物たちにいやらしいことをして自分たちの種付けをして新生物をたくさん作らせたことが書かれています。その中で代表的な巨大生物が凶暴な肉食恐竜です。

しかし、それだけでなく、小さな昆虫や生物にも彼ら堕天使たちは手を掛けていたようです。やがて大洪水が来た時、すべての息あるものはノアと家族、箱舟の中にいた動物たち以外、すべて地上から絶たれました。

そもそも化石とは大洪水があったからこそ瞬時に土砂に埋められて即死した生き物たちの骨であり、一瞬に埋められなかった場合、倒れた地上で死骸の肉は動物や虫、微生物などに食われ、骨は腐って踏み砕かれ、状態よく保存されなかったのです。

瞬時の土石流による密封ゆえ、保存状態は丸ごと極めてよく、何者にもまったく長年触れられない地中ゆえ破損を避け、酸素が少ない酸化しない密封状態で現代まで保存されていたのです。

恐竜の化石は博物館で一般公開されますが、隠蔽された巨人の骨や、今から紹介する小さな掛け合わせ生物たちも当時は存在していたのです。これらの写真を証拠に考察すると、本当の歴史は驚くばかりのありさまで、私たちはごく一部分の情報しか開示されていなかったのです。

日本は妖怪伝説や鬼神伝説が多く、悪魔が神と偽って現れては崇拝され、古代日本にいたのではないでしょうか。考えてみると、アンデルセン、グリム童話の一つ目、三つ目、山姥なども何か関係あるかもしれません。ギリシャ神話に至っては数々のタイタン巨人とキメラ動物など、相当分、史実だったと思われます。

「小人」は実在していた！

次にお見せするコートを着た男たちに囲まれた小人の写真（Ｐ１６１）は現代に生きている小人のため、おそらく遺伝子操作で小さく作られたか、先天的な小人症患者かもしれません。

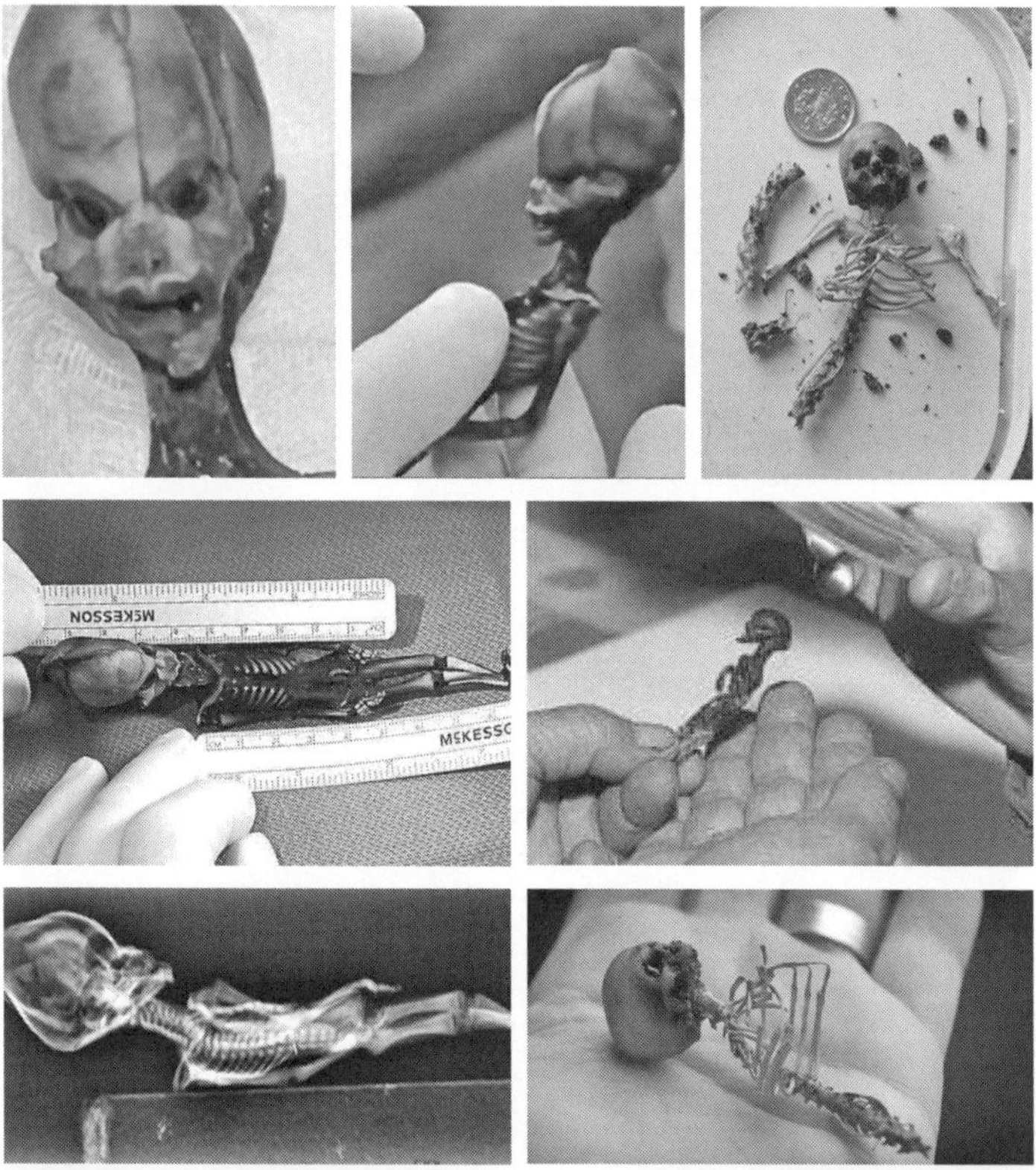
D
AP

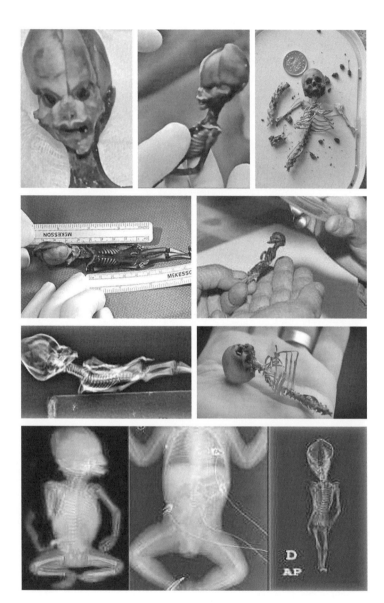

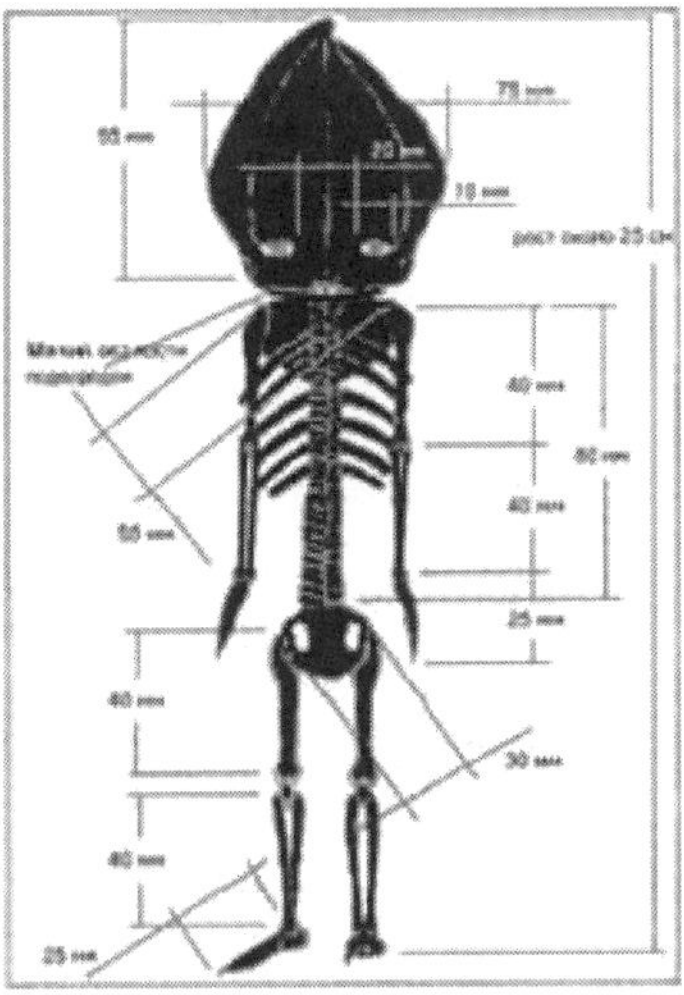

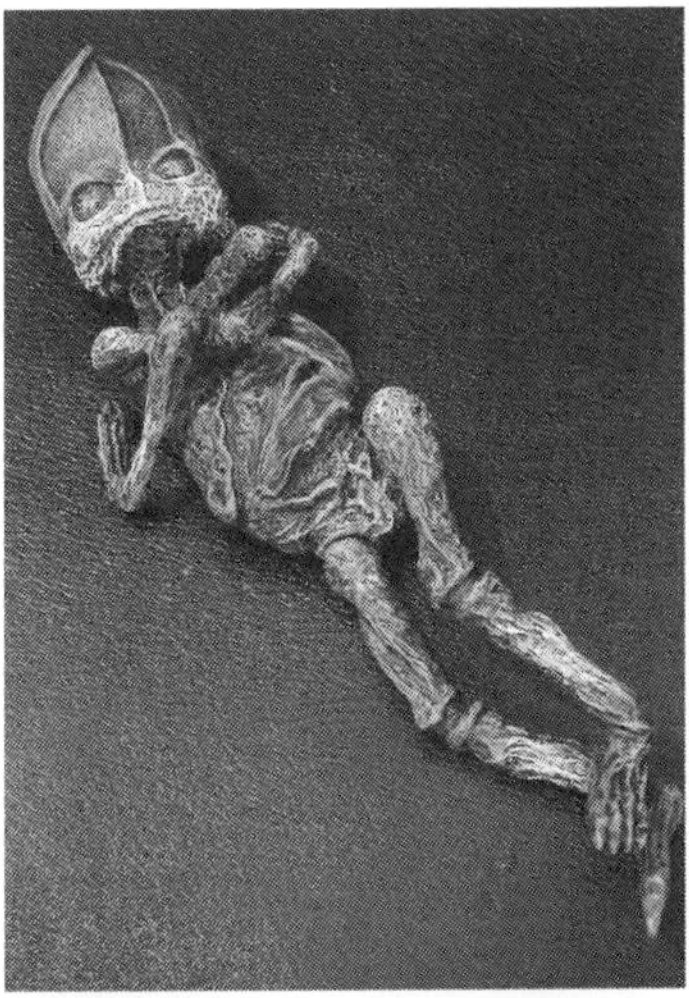

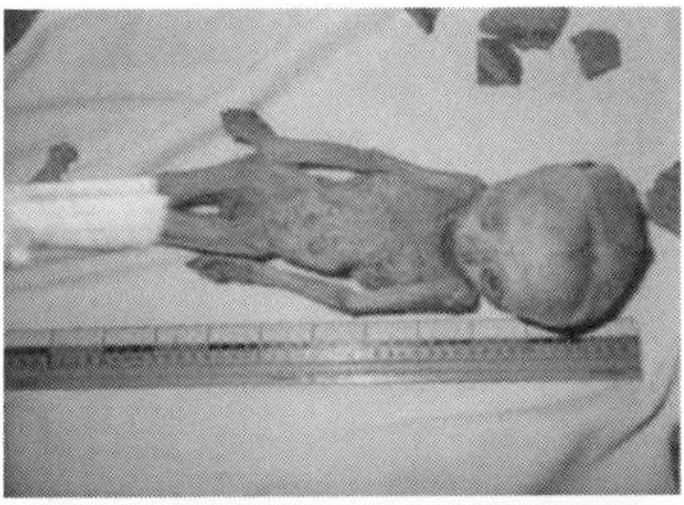

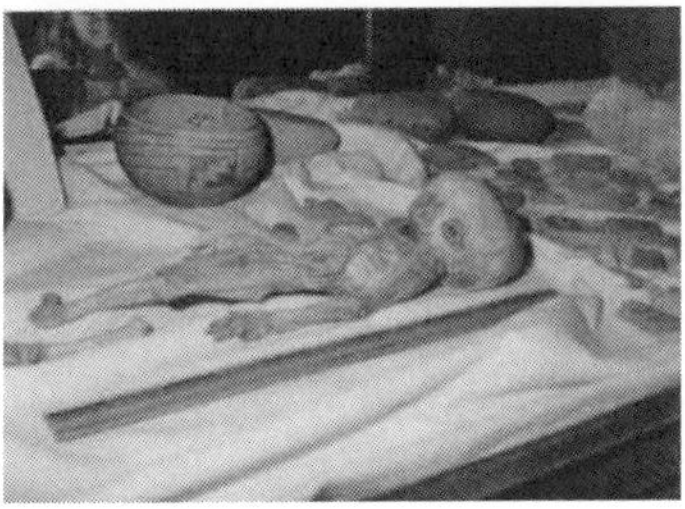

「羽のある妖精っぽい小人」も実在していた！

妖精と呼ばれるような霊的な存在は実在しませんが、生きた生物としての伝説の妖精っぽい小人は実在したようです。

これらは小さい石に貼りついた化石のため、ノアの大洪水以前に堕天使たちが蝶々やトンボ、コウモリなどに自らの種付けをして産ませたものと思われます。あるいは現代の遺伝子組み換え技術で作られたキメラ生物の死後、化石化したものかもしれません。

羽が蝶々タイプやトンボタイプ、コウモリタイプなど様々ですが、昔なら堕天使、今なら人間×昆虫＝キメラ生物の羽のある小人が妖精っぽく昆虫の卵から誕生・孵化し、成長したのでしょう。

あるいは人間の母親を母体として女性が卵でなく赤ちゃんの形で産んだのでしょうか。どちらでも気味悪い狂った連中の仕業です。

私の想像では石に刻まれた画像3枚の化石の小人は、ノアの時代の堕天使×昆

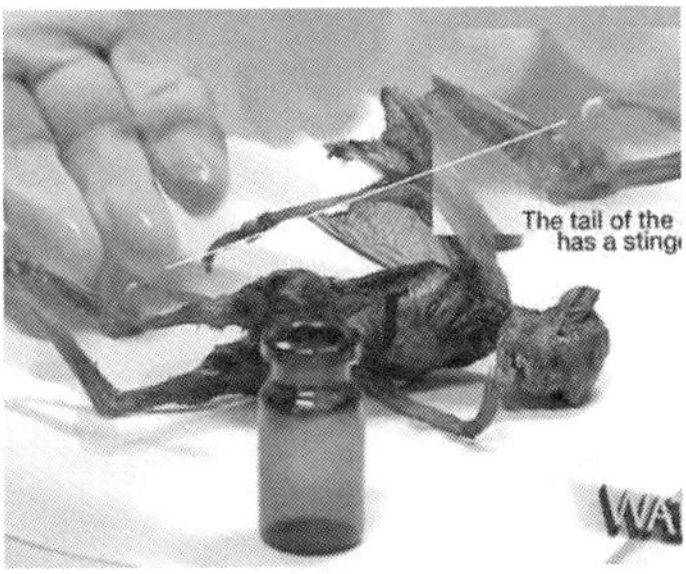
The tail of the
has a

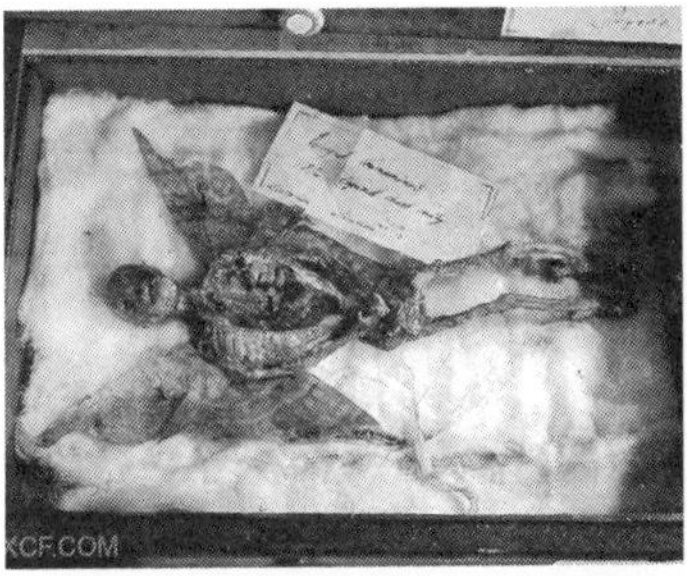
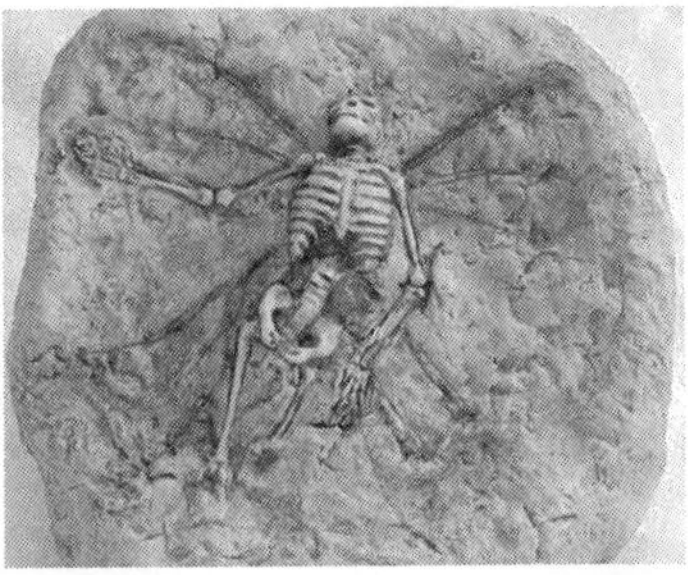

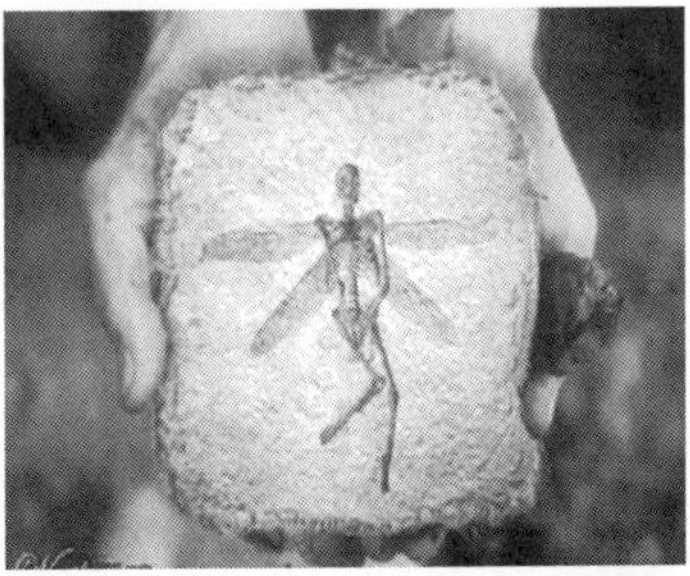
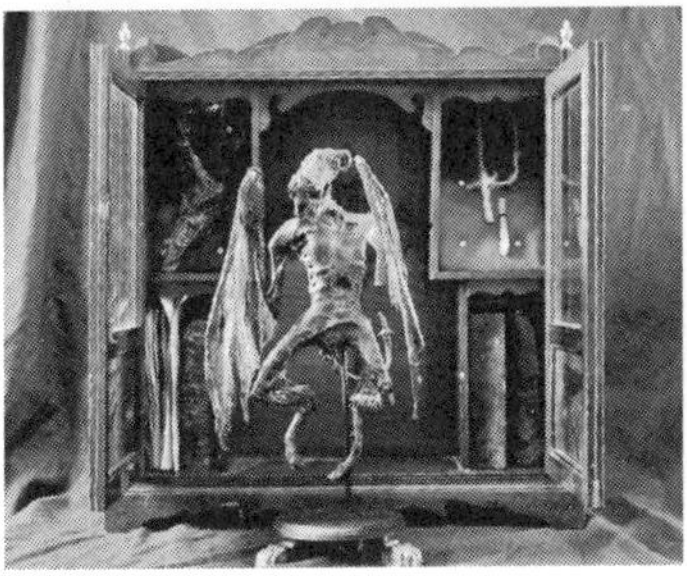
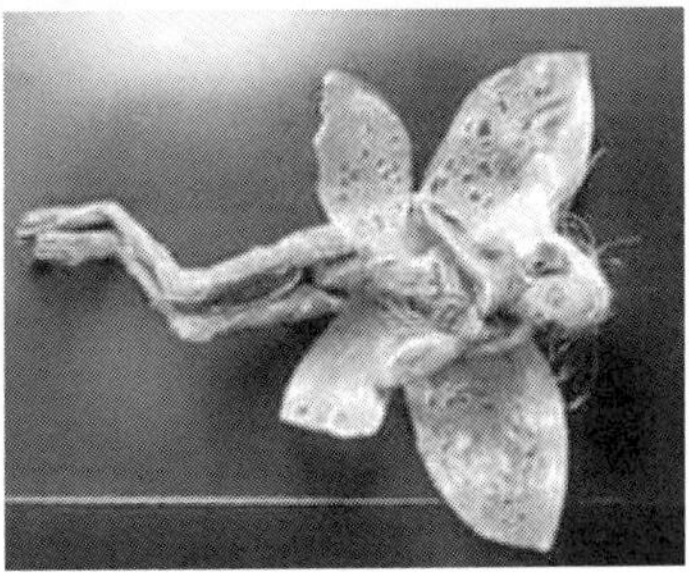

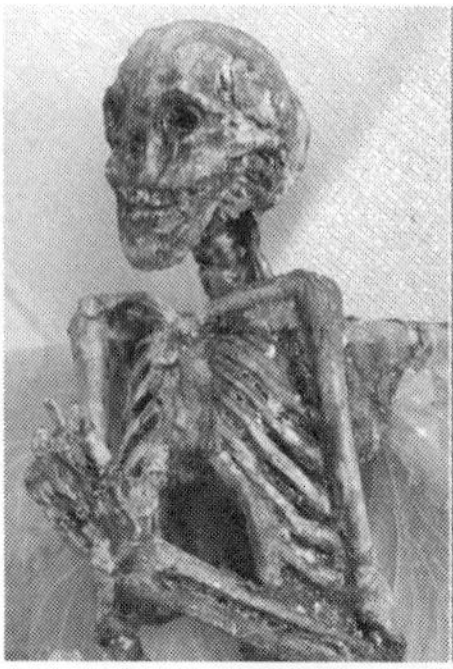

虫という古いものだと思います。一方、単体で標本の原型をとどめているミイラ化した小人写真は現代に作られた、人間のＤＮＡを昆虫に入れて産ませたキメラ生物の死骸ではないでしょうか。

なぜなら小さな虫の標本が約４９００年間も破損なくここまで良型で保存され続けることは難しいからです。石に貼りついた化石なら約４９００年間も長期保存されます。

ノアの時代にいた、こんな実在生物、羽の付いた小人が空を飛んでいた目撃情報がやがて民間伝承として後に妖精伝説を生んだのではないでしょうか。

聖書では小人の天使は書かれていませんし、天使は霊的存在だから死もなく、化石になる肉も骨もないので、これらは天使の化石ではないです。妖精もいません。

化石に蝶やトンボのような羽を持つ小人がありましたが、１９７３年、手塚治虫原作の漫画及びテレビアニメ「ミクロイドＳ」をご存じでしょうか？

人間を捕らえた秘密結社ギドロンの科学が生んだ縮小人間ミクロイド。砂漠の地下にある人知れず作られた蟻の巣そっくりな大要塞。彼らは人間を捕らえて遺伝子組み換えキメラ生物を象徴する改造種を製造していた。薬液の逆行性ホルモンを注射することによって、自分たちに都合の良い小型サイズの奴隷を大勢作っていたが、ある時、昆虫の特性を与えたミクロイドが脱走。それがギドロンの陰謀を人々に告げるために戦うミクロ戦士、主人公のミクロイドSです。

ギドロンに操られた記者や政治家たち、マスコミ・政財界・大企業のトップのほとんどがギドロンの手によって操り人形になっている驚愕の事実。治安悪化・自然破壊・政治汚職・拝金思想・物価高騰・人心荒廃などすべてはギドロンが人間を堕落させ破滅に追い込むために操り人間を使って意図的に仕組んでいたことにミクロ戦士の協力者の少年は気づきます。しかし、ギドロンの陰謀を伝えても人間たちは信じようとしないというストーリー。

まさに陰謀論を都市伝説だといって笑う現代人と同じです。注射を受けたら巨人になる「進撃の巨人」の正反対、注射で小人になるストーリーを48年も前に描いていました。原作者の手塚治虫は、自身もペンネームで治虫と虫を名乗りますが、化石から羽がある小人たちの実在と、秘密結社の陰謀計画を知っていたのでしょう。番組で出てくる詩がある。

黒い悪魔の　陰謀が　恐怖の地球にぬりかえる
心をわすれた　科学には　しあわせ求める　夢がない
……　ミクロの3勇士　ミクロイドSが立ち上がる

黒い地球に　なるときが　刻々せまってくるようだ
心をわすれた　科学には　地獄の夢しか　うまれない
……　ミクロの3勇士　ミクロイドSが立ち上がる

「ミクロ」とは、極微、「マイクロ」のことです。いい詩だけど残念。やがてワクチンで666のマイクロチップを入れられたマイクロイドが立ち上がるのかな。

「鬼」も実在していた！

アニメ「鬼滅の刃」のヒットで子供たちにもなじみ深くなった鬼がいた伝説が日本にはたくさんあります。

鬼は、頭に2本、もしくは1本の角が生え、頭髪は細かくちぢれ、口に牙が生え、指に鋭い爪があり、虎の皮のふんどしや腰布をつけていて、表面に突起のある金棒を持った大男の姿です。色は赤・青・黒など様々で、人に危害を加え食べてしまう存在と信じられてきました。まさか、実在したなんて、昔の人々の民間伝承は侮れません。

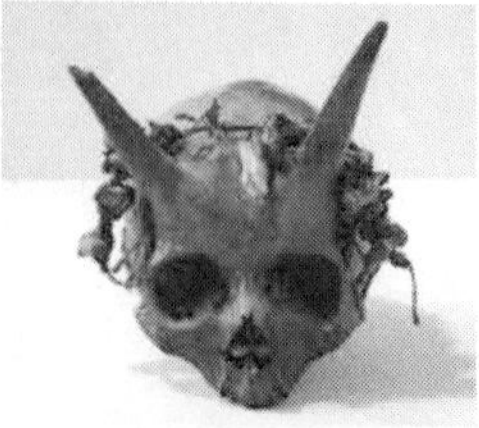

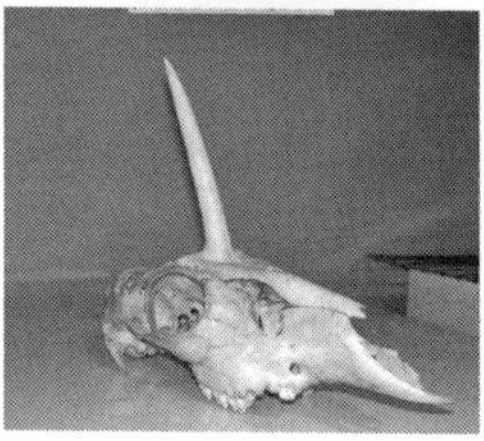

平安時代、日本は疫病、飢饉、死病が蔓延して街には鬼が出没。世が非常に荒れた時代で風俗も随分と乱れ、「世の終わり」という感覚が非常に身近なものと

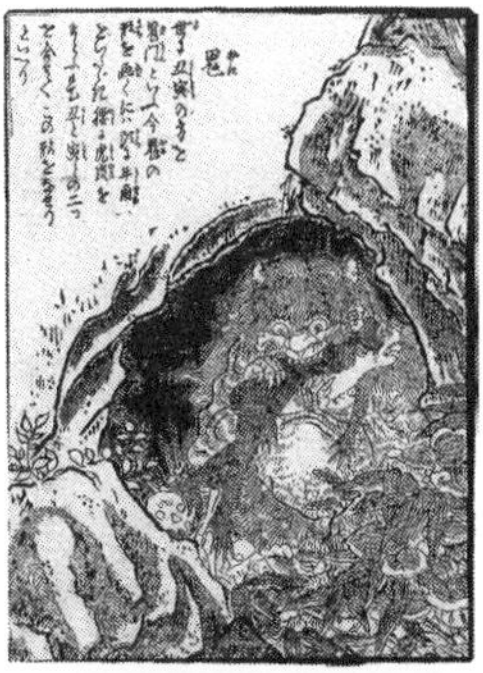

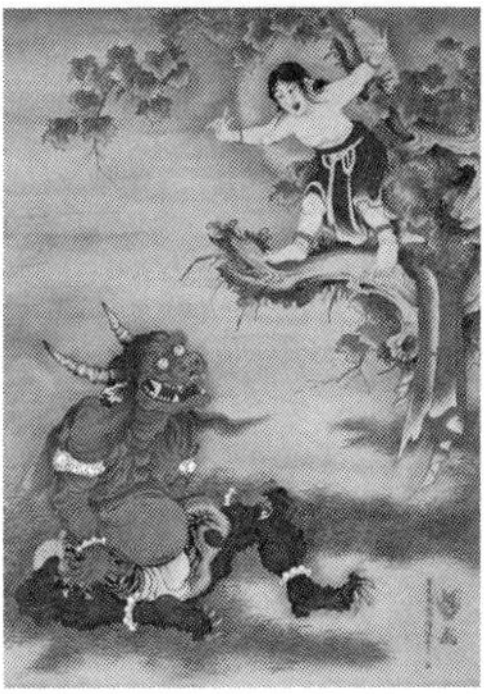

なります。
　当時、呪いや祈祷《きとう》が盛んで、今の時代と似ています。飢餓で人肉を食らうというようなことが横行していたようですが、申命記に神様に背くと、呪われて自分の子供を食べるようになるとあります。安倍晴明が使うような日本古来の術の数々は、起源が堕天使からの直伝ではないでしょうか。

「竜」も実在していた！

　外典聖書で竜が逃げた記録があり、聖書の黙示録にも竜が何度も出てきて、それは縁起物ではなく悪魔を象徴しています。

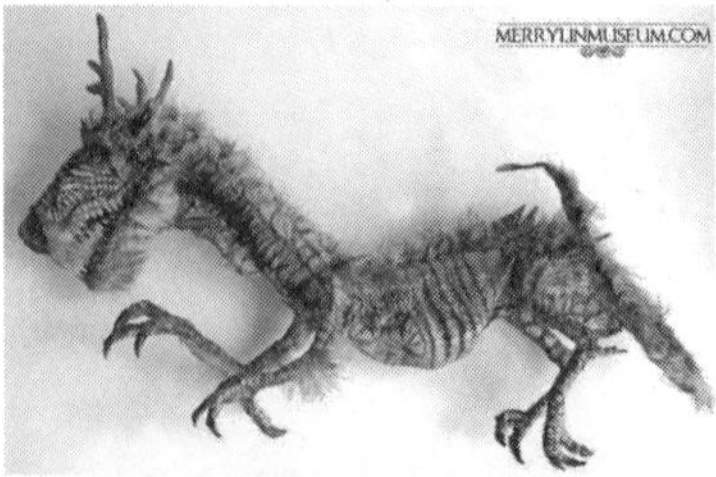

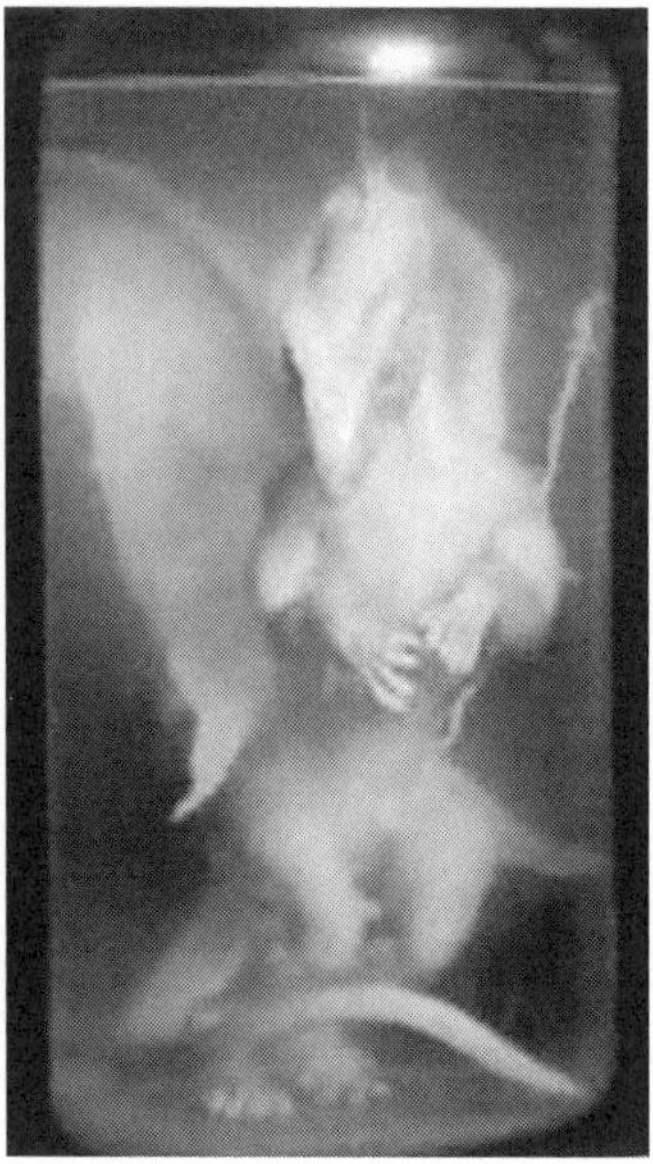

黙12：9「こうして、この巨大な竜、すなわち、悪魔とか、サタンとか呼ばれて、全世界を惑わす、あの古い蛇は投げ落とされた。彼は地上に投げ落とされ、彼の使いどもも彼とともに投げ落とされた。」

写真のホルマリン漬けの竜は間違いなく現代のものでしょう。人間のDNAとは無関係に竜のイメージに似た何らかの異なる生物たちを掛け合わせた遺伝子組み換えの産物でしょう。

「人魚」も実在していた！

ギリシャ神話の人魚は史実だったようです。洪水によって滅ぼされました。水中に慣れていて生き延びる、それはありえないです。聖書の創世記で全滅が記録されているからです。新説！「マーメイドは洪水で死んだ！」ですね。

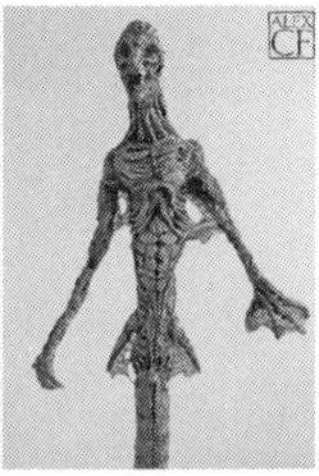
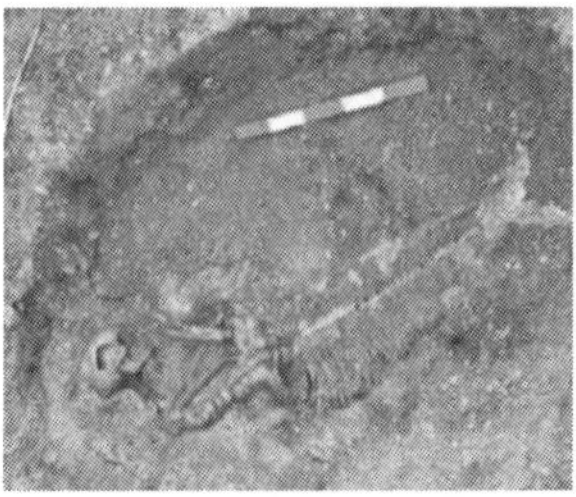

創7：21－23「こうして地の上を動いていたすべての肉なるものは、鳥も家畜も獣も地に群生するすべてのものも、またすべての人も死に絶えた。いのちの息を吹き込まれたもので、かわいた地の上にいたもののはみな死んだ。こうして、主は地上のすべての生き物を、人をはじめ、動物、はうもの、空の鳥に至るまで消し去った。それらは、地から消し去られた。ただノアと、彼といっしょに箱舟にいたものたちだけが残った。」

「プレデターっぽい怪物」も実在していた！

左の画像は化石の頭部です。映画「プレデター」の怪物プレデターに似てます。どうやら闇組織は実在モデルを映画に登場させているようです。こんな恐ろしい強面怪物がノアの時代に徘徊していたならば、もはや世の終わりですね。実在モデルと言えば、映画「ジュラシック・パーク」のハイブリッド恐竜脱走パニックも世の終わりに実行するはずです。

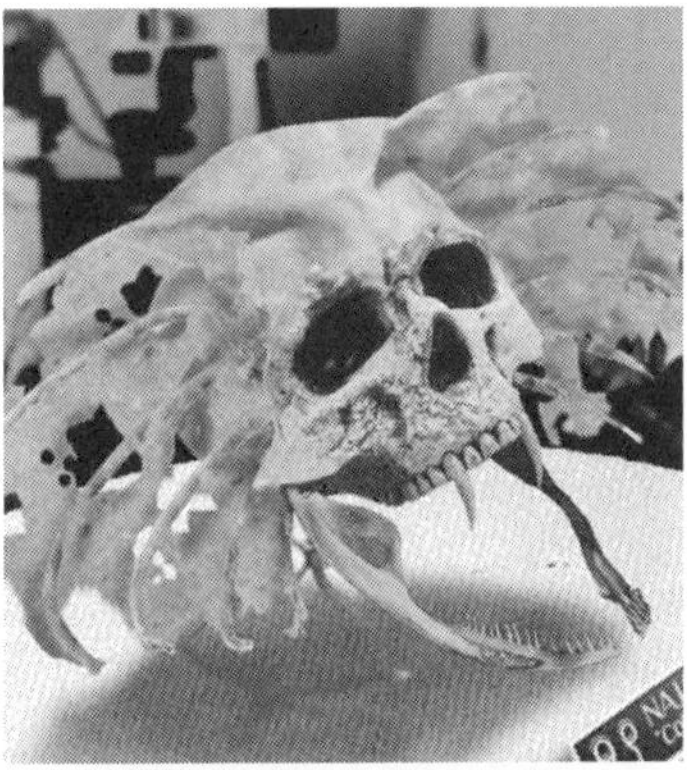

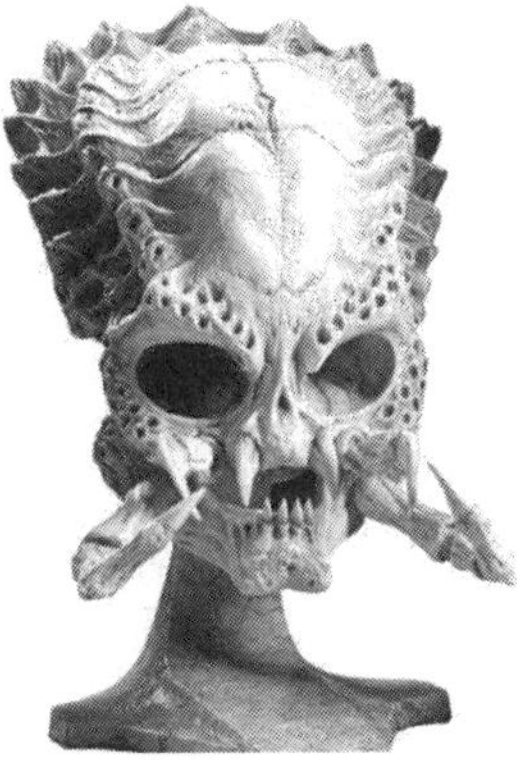

「宇宙人っぽい怪物」これも実在していた

宇宙人の作られたエイリアン・イメージは聖書の創世記に出てくる最初の蛇が起源です。生物は高等動物になるほど足が減ります。ムカデやゲジゲジのような下等生物は蛇足で足一杯、これが動物では足4本、さらに上等のサルやゴリラは二足歩行できます。万物の霊長、人間は完全に二足歩行です。

そう考えると、聖書に「蛇が一番狡猾であった」と書かれていますので、当然、二足歩行だったでしょう。聖書ではエバに善悪の木の実を食べるよう誘惑する際、人と対等に対話できるほど優れた理性もあり、言語能力もありました。

創3：1「さて、神である主が造られたあらゆる野の獣のうちで、蛇が一番狡猾であった。蛇は女に言った。『あなたがたは、園のどんな木からも食べてはならない、と神は、ほんとうに言われたのですか。』」

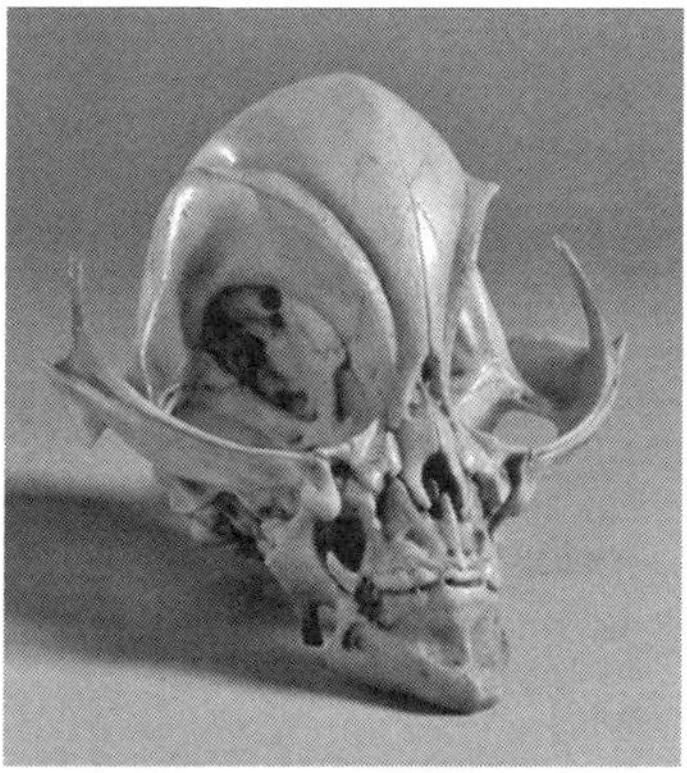

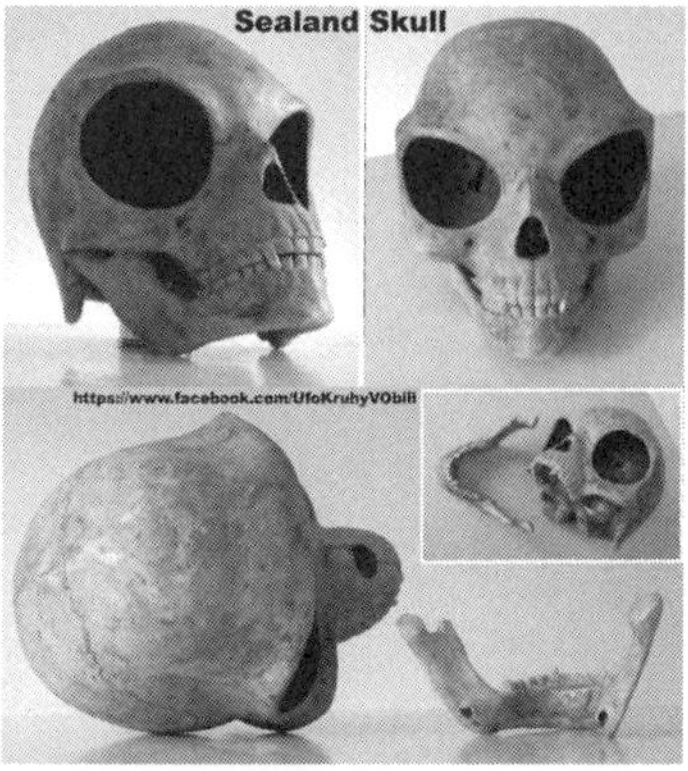

Sealand Skull
https://www.facebook.com/UfoKruhyVObili

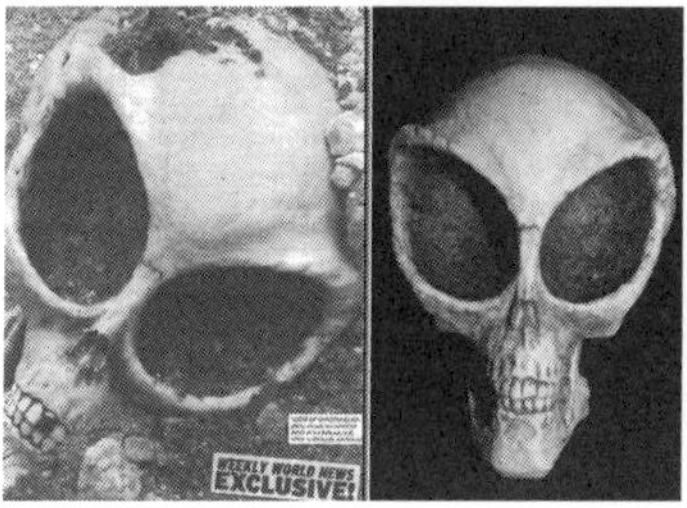

WEEKLY WORLD NEWS
EXCLUSIVE!

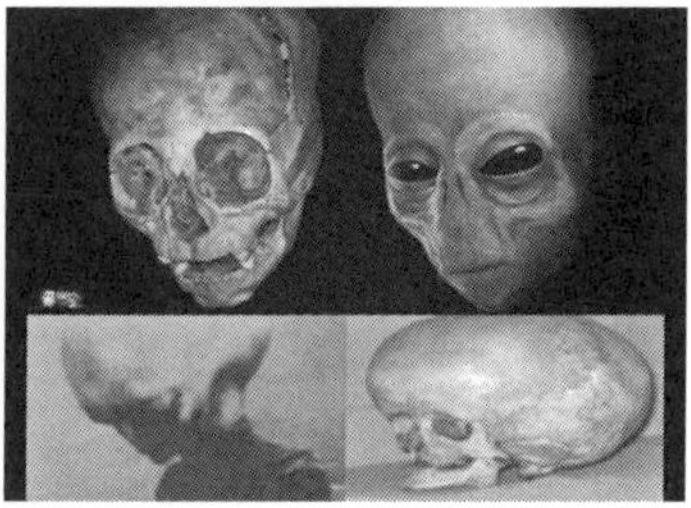

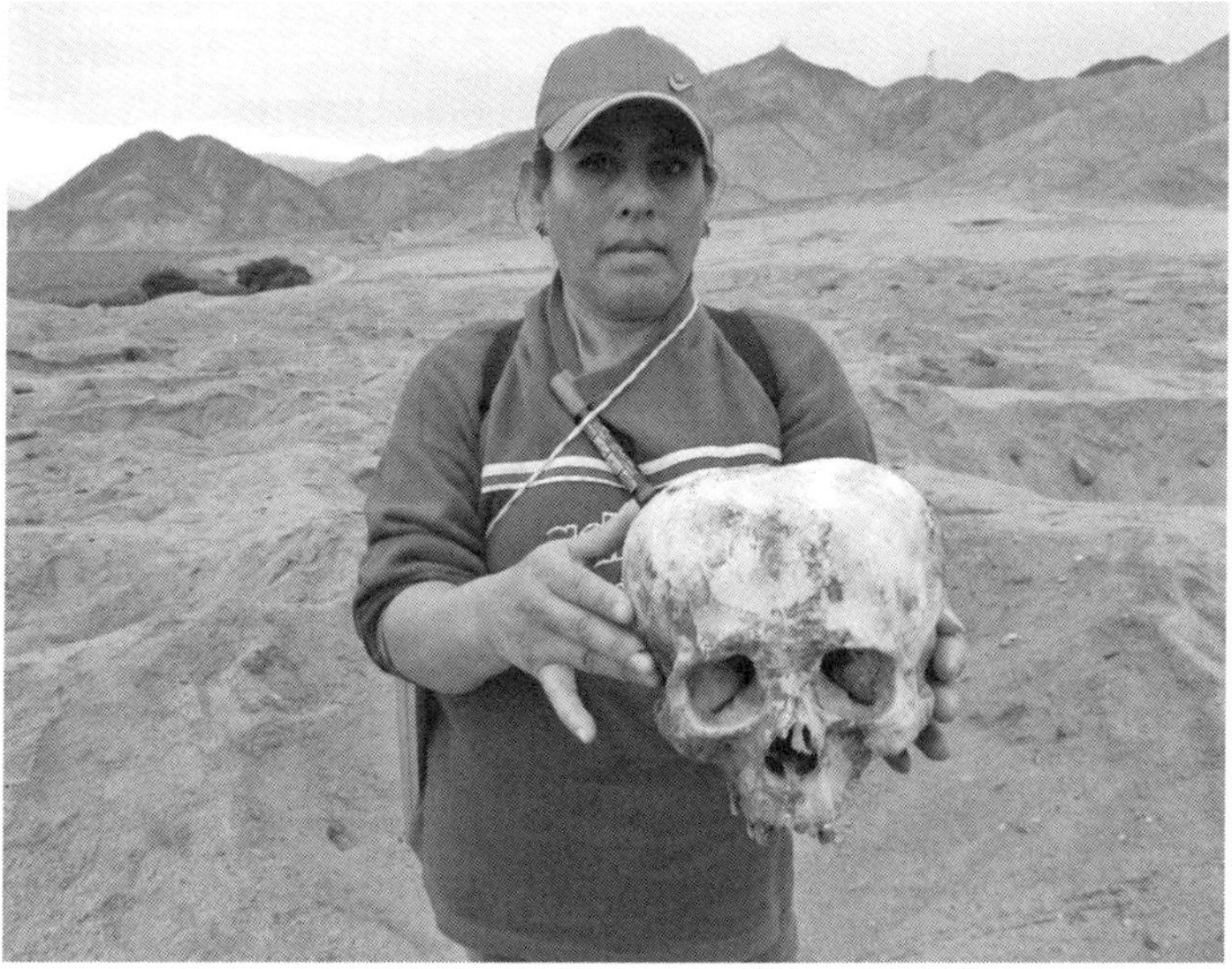

その後、悪魔から人間堕落の手先として使われた蛇は、神様の審判を受けて呪われ、足を失い、言語能力も失いました。

創3：14－15「神である主は蛇に仰せられた。『おまえが、こんな事をしたので、おまえは、あらゆる家畜、あらゆる野の獣よりものろわれる。おまえは、一生、腹ばいで歩き、ちりを食べなければならない。わたしは、おまえと女との間に、また、おまえの子孫と女の子孫との間に、敵意を置く。彼は、おまえの頭を踏み砕き、おまえは、彼のかかとにかみつく。』」

エレミヤ46：22「彼女の声は蛇のように消え去る。」

創世記で神様が蛇に語られた審判の言葉には重大な預言が含まれています。「わたしは、おまえと女との間に、また、おまえの子孫と女の子孫との間に、敵意を置く。彼は、おまえの頭を踏み砕き、おまえは、彼のかかとにかみつく。」

敵意が置かれた「おまえの子孫」とは「悪魔」を意味し、「女の子孫」とは処女マリヤから生まれる「イエス・キリスト」を意味します。

私たちはすべて父の種を受けた「男の子孫」です。そのため、アダムから引き継ぎ、先祖同様、生まれつき罪の種を持っている罪人です。

しかし、イエス様は処女マリヤから聖霊様によってみごもり生まれたので、生まれつき罪の種がない、罪を持たないお方だったのです。まったく罪を知らず、罪を行動においても考えにおいても一度も犯さない完璧な神様が人となって来られた聖なる義人なのです。

だからこそ罪ある私たちの身代わりになれる救い主なのです。盲人が盲人を手引きできないように、罪人が罪人を救うことはできません。ただ罪ないイエス様だけが、罪ある私たち人間の身代わりとなって罪の罰を受けて十字架にかかり、罪のない命の血を流して死なれ、3日目に死人のうちより復活されたのです。

このお方の身代わりの犠牲愛を信じて受け入れれば、誰でも罪の結果、当然、死後に受ける地獄の罰を逃れて赦され、天国に入れるよう神様は特権を与えてくださったのです。

神様が蛇に語られた審判の預言の言葉に「彼（イエス・キリスト）は、おまえ（蛇・悪魔）の頭を踏み砕き、おまえ（蛇・悪魔）は、彼（イエス・キリスト）のかかとにかみつく」と言われたのはその意味です。

イエス様は十字架で悪魔の頭を踏み砕き、致命傷を与えて滅ぼしてから復活して勝利されました。その際に蛇がかかとにかみつくように、イエス様は迫害を受けて十字架で血を流して殺されました。しかし、イエス様には罪がなかったので永遠の死は適用されません。罪なきお方が永遠の死につながれることはありません。父なる神様は御子なるイエス様をよみがえらせたのです。

人間の場合、動物と違って死というのは罪の結果に来る裁きです。イエス様の場合、罪がないので御自身が預言された通り、3日後に悪魔と死と地獄の力を打ち破って復活されました。イエス・キリストの十字架の受難が私の地獄の受難の身代わりだったと信じて受け入れれば、誰でも赦され救われるのです。

さて、当初の蛇のイメージは二足歩行で言語能力のある人間に似ていたので、ちょうど、かっぱ寿司のCMの宇宙人のようです。

現代では人間と蛇を掛け合わせれば、宇宙人のイメージっぽいキメラ動物ができます。こんな生物が昔は実在したようです。

ただし、宇宙人は昔も今もいません。神様が聖書の創世記で異星人を創造されていないからです。UFOだけは人間が作った乗り物として非公開ですがあります。

宇宙人っぽく見える生き物、あれはレプティリアンと呼ばれる人と爬虫類を掛け合わせたキメラ動物で、優れた知性も、言語能力もありません。

今後、もしネット動画やテレビ映像でリアルなそれっぽいものが映されても騙されないようにご注意ください。

こんな「怪物」も実在していた！

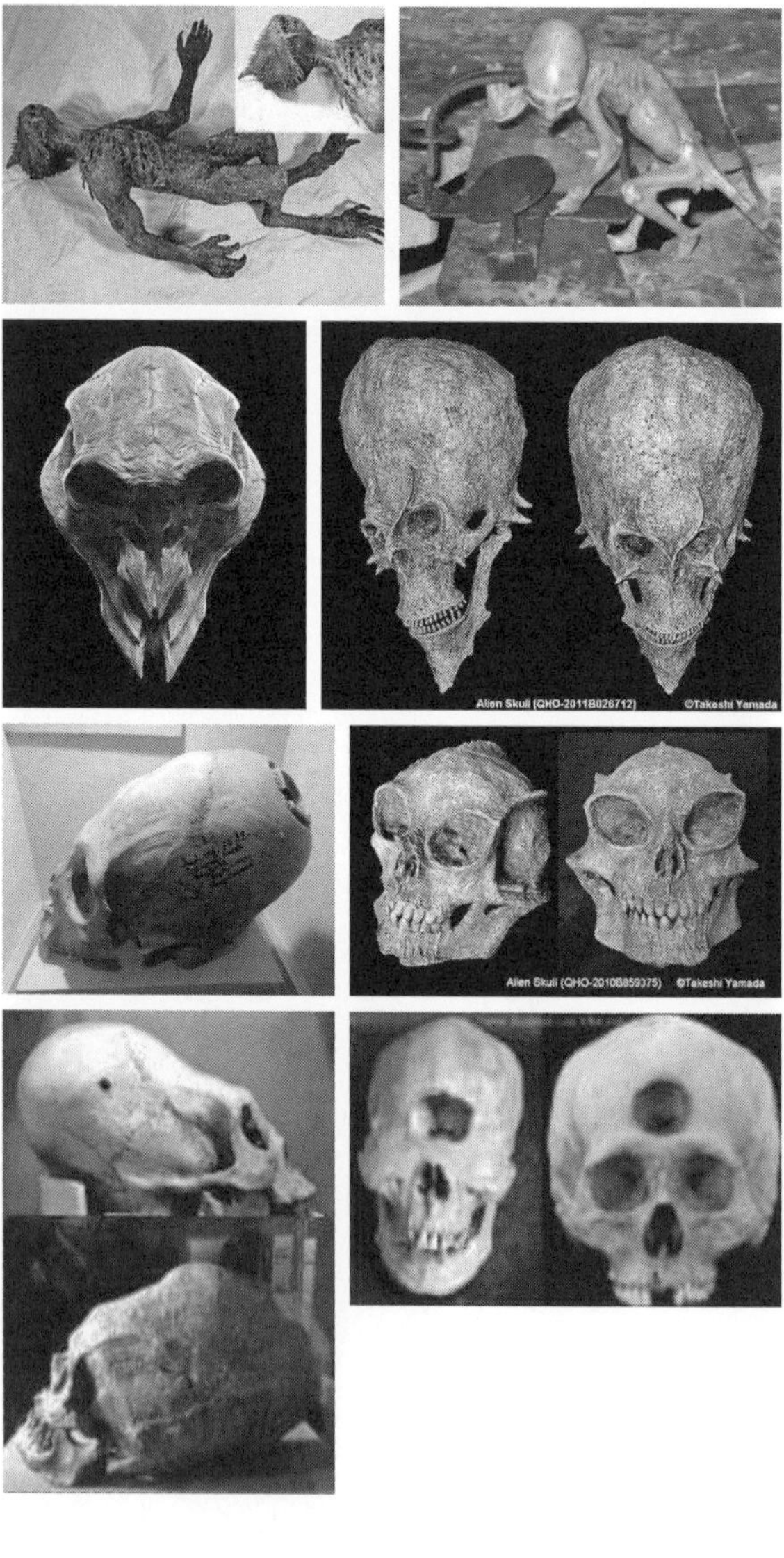

「巨人」実在の数々の証拠写真

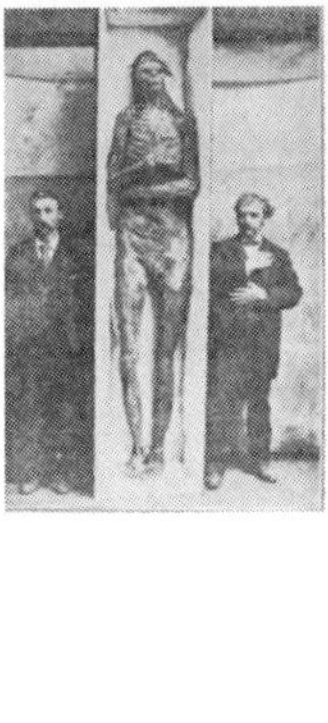

David New Mexico,

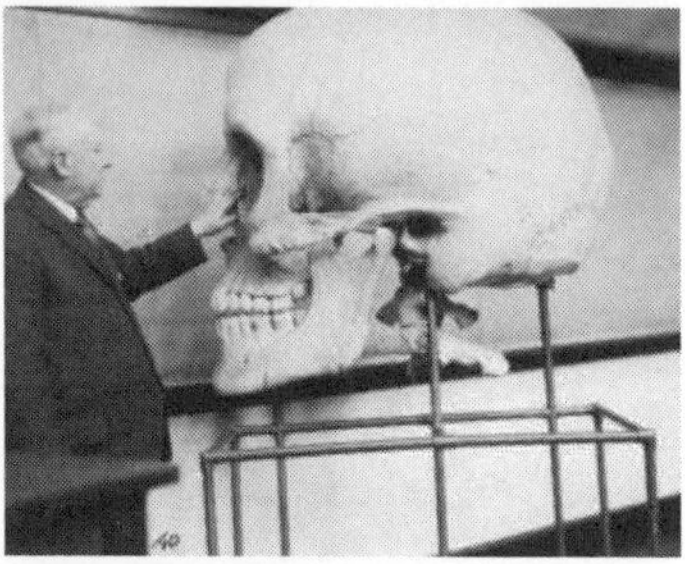

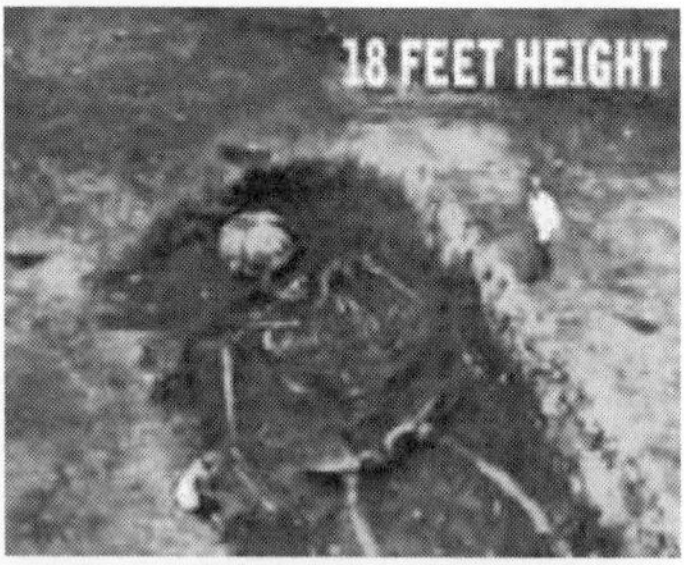
18 FEET HEIGHT

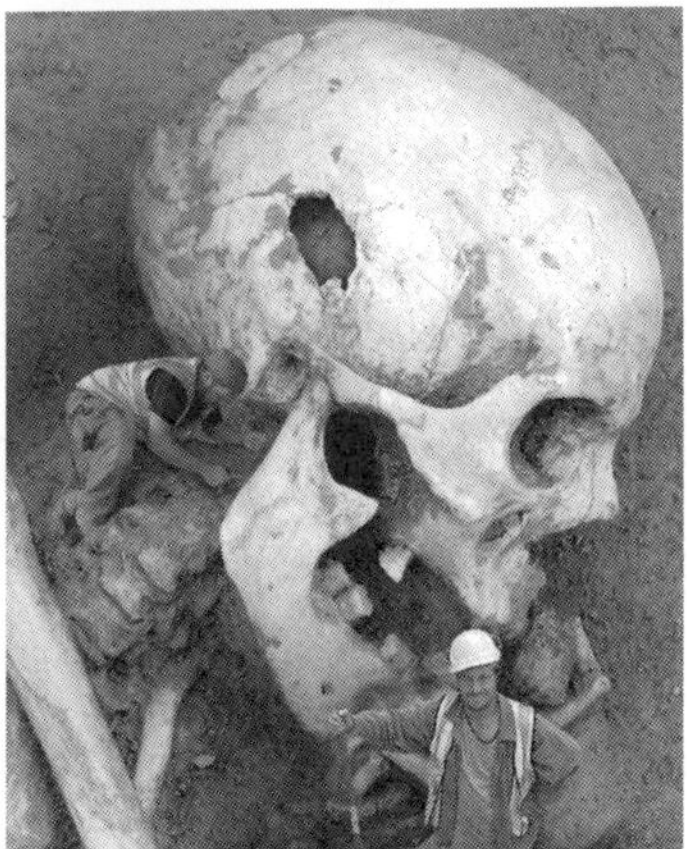

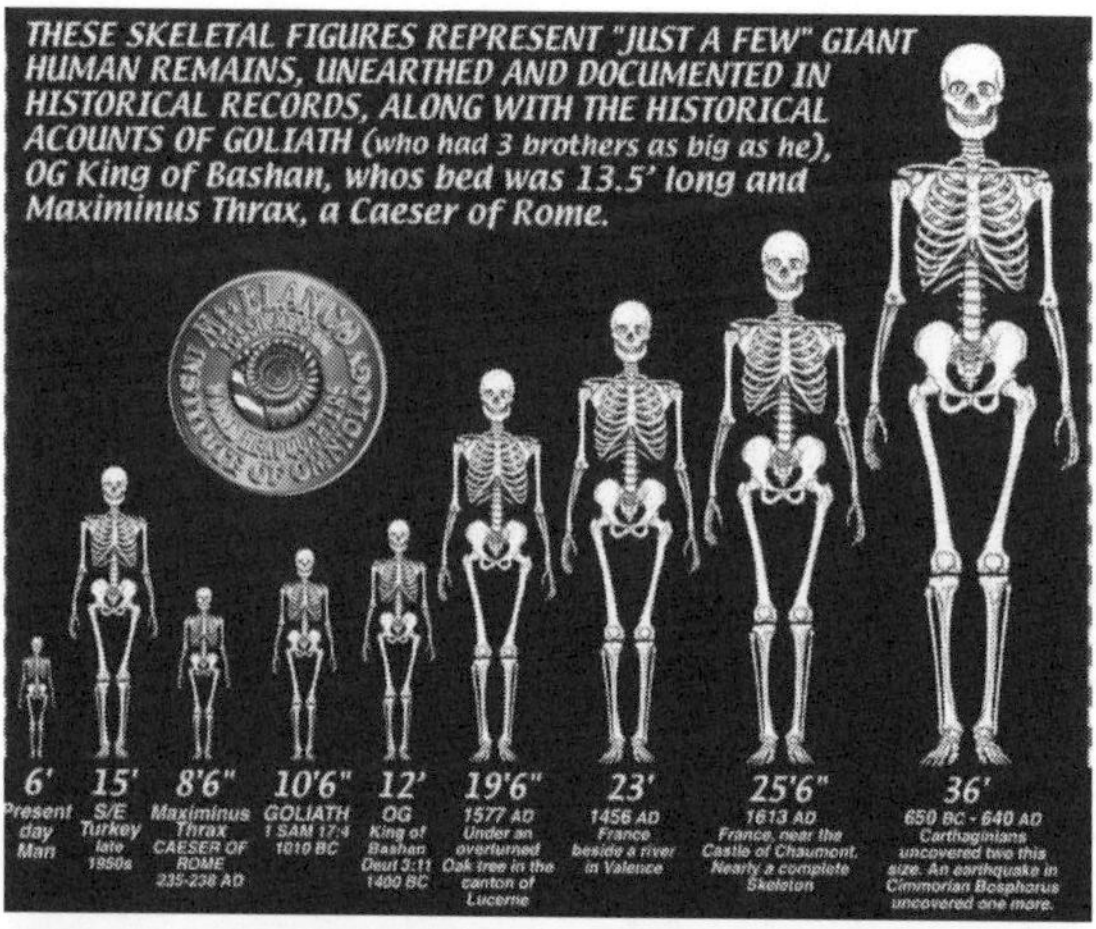
THESE SKELETAL FIGURES REPRESENT "JUST A FEW" GIANT HUMAN REMAINS, UNEARTHED AND DOCUMENTED IN HISTORICAL RECORDS, ALONG WITH THE HISTORICAL ACOUNTS OF GOLIATH (who had 3 brothers as big as he), OG King of Bashan, whos bed was 13.5' long and Maximinus Thrax, a Caeser of Rome.
6' Present day Man
15' S/E Turkey late 1950s
8'6" Maximinus Thrax CAESER OF ROME 235-238 AD
10'6" GOLIATH 1 SAM 17:4 1010 BC
12' OG King of Bashan Deut 3:11 1400 BC
19'6" 1577 AD Under an overturned Oak tree in the canton of Lucerne
23' 1456 AD France beside a river in Valence
25'6" 1613 AD France, near the Castle of Chaumont. Nearly a complete Skeleton
36' 650 BC - 640 AD Carthaginians uncovered two this size. An earthquake in Cimmorian Bosphorus uncovered one more.

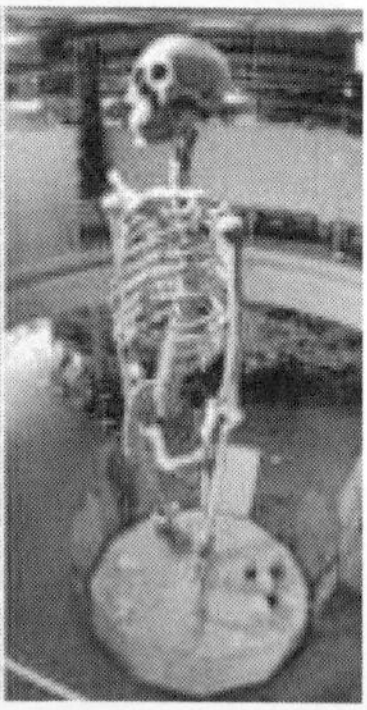

Mt·BLANCO
FOSSIL MUSEUM

Part 10

これは実に興味深い！「巨大ロボットvs巨人ネフィリム！」その日が来るかも！

エリア51に16メートルの巨大ロボット発見！

Google Earthを見ると、エリア51に横たわっている高さ16メートルの巨大ロボット2体が見えます！　基地内の屋外で巨大ロボットの軍隊を作っているようです。

スコット・C・ウォーリングさんによると2002年の時点ではなかったもので、米空軍の兵士が何年もこのロボットを動か

し、いつか戦闘任務で使用できるように実験していると推測します。

まさに映画「ゴジラVSメカゴジラ」のように米空軍は巨人ネフィリムとやがて戦う日に備えて制作中のようです。この衛星写真はエリア51をGoogle Earthで検索すれば、誰でも見られますが、写真の更新時期によっては、もっと大きく足が開いたり、閉じたりしている画像もあります。それを考えると現在の技術では、まだ自由に稼動して基地内を動き回れるほどではないようですが、確実にその頂上決戦の日に向けて備えているようです。

アメリカの巨大ロボットは「風の谷のナウシカ」に登場する「巨神兵」に似ていますね。やはり米軍だからこれも兵隊の一種かな。「テキハ　ドコ?」と言ってます。

日本も負けないよう頑張って、夢のコラボ、動くガンダムvs巨人ネフィリムに

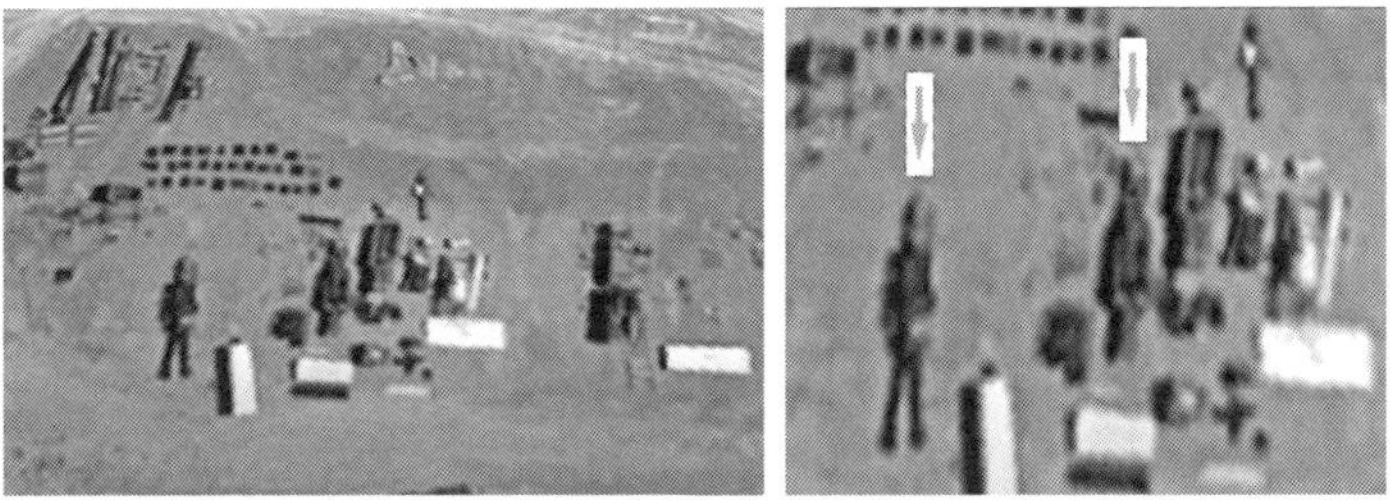

Google Earth でエリア51に巨神兵？ガンダム？の姿がとらえられた！

なってほしい。衛星写真を見る限り、スタイルではるかにガンダムのほうがカッコよくまさってます。実物大ガンダム単体の重量は約25ｔ。身長18メートル。素材には、可動フレームに鋼鉄、外装にカーボン樹脂を採用。エリア51のアメリカ製機動戦士は、スコット・C・ウォーリングさんが衛星写真上から計測した情報分析では身長16メートル。すでに日本製機動戦士のほうが、2メートル身長が高く、まさっています。頑張れ我らの夢の結晶、動くガンダム！　はたまたこれはただの幻影、建物の伸びた影なのか？

大洪水以前の時代に比べると、今の時代は、とんでもない廃墟だった！　証拠写真！　巨人ネフィリムが切り倒した驚愕レバノン杉！

これはＯＤＤＴＶで報道された要約にもなりますが、今の世界はノアの大洪水前と比較すると、まるで廃墟になっているという説です。しかもレバノン杉が天まで届く巨木であったという聖書の言葉が文字通りであった証拠写真です。

オーストラリア・ビクトリア州では140メートルクラスの世界一高い木々が並んでいましたが、すべて伐採されてしまいました。今では、カリフォルニアのレッドウッドに90メートル級の木々が生えていますが、中でも現状世界一高い木は115メートルある「ヒュペリオン」です。ギリシャ神話に登場するタイタン神の名前です。114メートルある「ヘーリオス」。113メートルある「イカロス」すべてギリシャ神話の名前です。人々は時代の流れが進むにつれて巨木を切り倒していきました。

ネブカデネザル王が夢で見た巨大な木も切り倒されました。

ダニ4：10－12「私の寝床で頭に浮かんだ幻、私の見た幻はこうだ。見ると、地の中央に木があった。それは非常に高かった。その木は生長して強くなり、その高さは天に届いて、地の果てのどこからもそれが見えた。葉は美しく、実も豊かで、それにはすべてのものの食糧があった。その下では野の獣がいこい、その枝には空の鳥が住み、すべての肉なるものはそれによって養われた。」

高さが天に届くとは、どれほど大きかったことでしょうか。

これらの古い写真は木こりたちが斧で大木を切った当時の記録です。

人間の大きさに比較してこれほど大きな胴回りの幹を切れるなら、巨人ネフィリムがもっと巨大なレバノン杉を切ることも可能ではないでしょうか。巨人たちは人間ではなく、プラスアルファの堕天使の強力パワーを持っているのだから。全世界の有名な山のような場所が実は木の切り株だったと考えるならば、あきれた話です。

外典聖書では神様は巨人ネフィリムを滅ぼすために、彼らに剣を与えたと書かれています。であれば、なおのこと剣を使用できるネフィリムたちが束になって

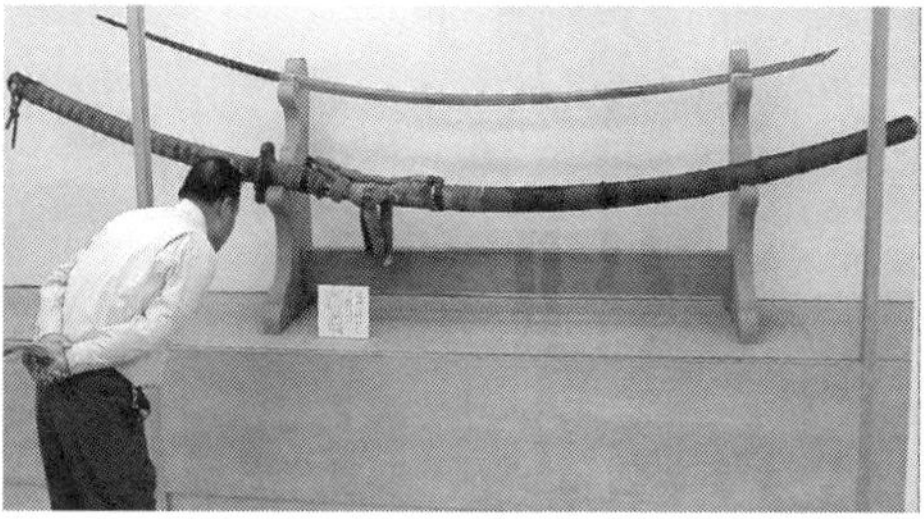

斧をふるうことも可能なはずです。事実、巨人用としか思えない巨大な武器も見つかっています。

遺跡に見られるように、重機なき時代に積み上げられた巨石を考えてみても、彼らは並はずれた怪力であったことは間違いないです。こんな巨石を積み上げて階段を作るなんて現代でもトラックが折れてしまいます（次ページ）。

ナスカの地上絵にも巨人、遺伝子組み換え生物！

巨人ネフィリムの描いたナスカの数あ

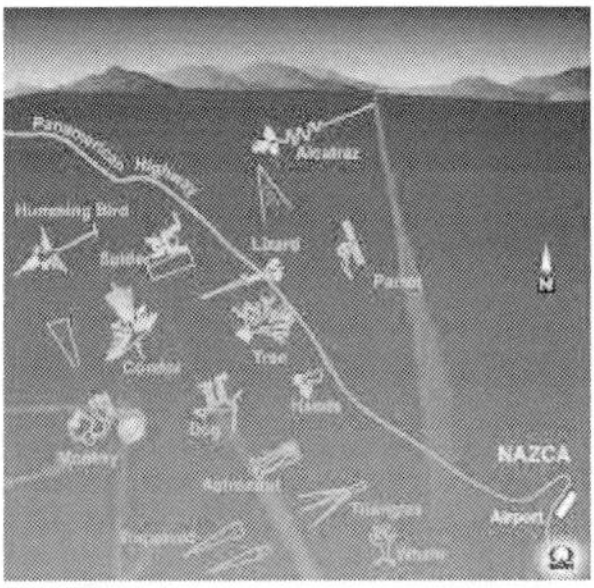

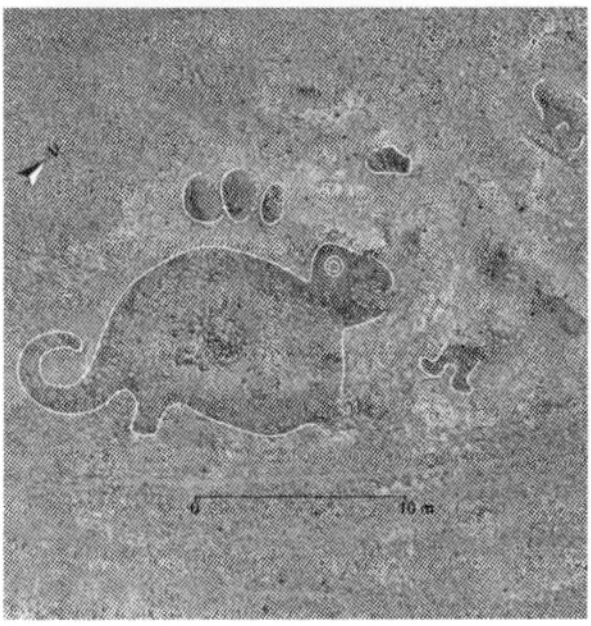

る地上絵の中にも武器を右手に持って振り上げている巨人の姿が描かれています。

最近、ＡＩの導入で新たに見つかったナスカの地上絵に恐竜が含まれています！

巨人ネフィリムと恐竜は同時代に生息していた新たな証拠です。

人のような巨人が武器を持っている絵。そして2枚は明らかな恐竜。

この恐竜の口より少し右下に

消えかかった人間の足だけが描かれています。この恐竜に食べられたという意味でしょうか。

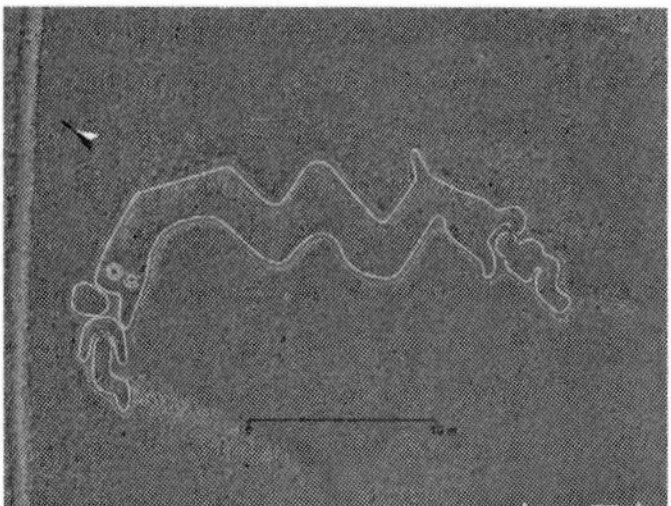
加工写真

この恐竜は聖書にもある巨大な蛇レビヤタンでしょうか？　驚愕は前後に口があり、前後の口がおのおの人間を襲っていることです。おそらくノアの大洪水直前まで地上に生存して人間を捕食していた巨大な恐竜の蛇であり、起源は堕天使が蛇に化けて、メスの蛇に近づき、身ごもらせて産ませたキメラ生物のような、当時のモンスターでしょう。

今、気づきました。この蛇恐竜の後方しっぽ部分も開いた口と仮定し、人間を襲っているとした場合（それは右の人物が排泄された人の死骸でないということ）、聖書には似たような生物化学兵器があります！

世界の終わりに2億人の軍隊がメギドの丘で核戦争を起こし、人類の3分の1を滅ぼす預言ですが、その馬のような生物化学兵器はこのように書かれています。

黙9：16－21「騎兵の軍勢の数は二億であった。私はその数を聞いた。私が幻の中で見た馬とそれに乗る人たちの様子はこうであった。騎兵は、火のような赤、くすぶった青、燃える硫黄の色の胸当てを着けており、馬の頭は、獅子の頭のようで、口からは火と煙と硫黄とが出ていた。これらの三つの災害、すなわち、彼らの口から出ている火と煙と硫黄とのために、人類の三分の一は殺された。馬の力はその口とその尾とにあって、その尾は蛇のようであり、それに頭があって、その頭で害を加えるのである。これらの災害によって殺されずに残った人々は、その手のわざを悔い改めないで、悪霊どもや、金、銀、銅、石、木で造られた、見ることも聞くことも歩くこともできない偶像を拝み続け、その殺人や、魔術や、不品行や、盗みを悔い改めなかった。」

前後に砲台を付けた戦車型、生物化学兵器の遺伝子組み換え馬は、その口とその尾に殺傷能力があると言います。イエス様は「その日はノアの日のようです」と歴史が繰り返されることを預言された通り、あのいにしえの巨人の落書きモンスターは再襲します。

地上絵は堕天使直伝の天国情報をもとに刻まれた、長い歴史の風波に耐えられる不思議と消えない英知の結集です。特にノアの時代の大洪水とその後、洪水の水を全地から引くために起こされた山が上がり、谷が沈む地殻変動にも耐えて消えません。

もし、これを人間が描こうものなら、私たちが寝そべって大きな絵を描くようなもので絶対に歪みます。真上から見下ろして初めて歪まない全体像を把握した絵が描けるのです。真っ直ぐな直線など、もってのほか、巨人にしかできない業です。

彼ら人食い巨人たちにも、後世に自分たちが存在したことの生きた証しとして痕跡を残した

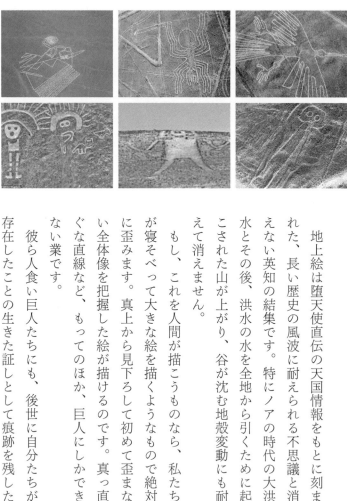

い感情があったのでしょうか。それともただの落書き遊びでしょうか。驚愕は数ある地上絵の中に、漫画っぽいタッチの絵もあることで、彼らにユーモアというか冗談性もあったということです。

Part 11

ノアの大洪水の前、地球は巨大な生命の樹の繁茂する楽園だった！

雲を突き抜けるとてつもない巨木とネフィリム

エチオピア語　第一エノク書26章1－2節「私はそこを離れて、地の中央を歩いていると、祝福された水分の豊かな場所が目に入った。そこには切り倒された木が死なずに残っていたところから生え出した枝が転がっていた。そこに私は聖なる山を見、山の麓を南の方向に流れ出す水を東側に見た。」

スラヴ語　第二エノク書5章「また生命の樹がその場所にあって、そこは主が天国にお入りになるおりに休息される場所である。その生命の樹は香りのよさで

言うに言われぬほどのものである。それはどの方角から眺めても金色に輝き燃える朱色で、すべての果樹が実っていた。そして、その根っ子は地球の果ての庭園にあった。」

アニメ「進撃の巨人」には、「巨大樹の森」が出てきます。連中は、隠蔽された史実をよく知っているようです。アニメのストーリーは濃すぎてすべてはわからないけど、たぶん、相当の部分が本当の歴史かもしれません。登場人物に西洋人名ばかりですが、西洋周辺がアトランタ大陸で巨人の楽園だったのかも！　やはり、彼らは知ってますね。

アメリカ・モニュメントバレー

映画「バック・トゥ・ザ・フューチャーPART3」で博士はタイムスリップする車の行先について主人公にこう語っています。

「今はないが、昔あった木なんかにぶつかったらたまらんだろ！」

「You don’t want to crash into some tree that

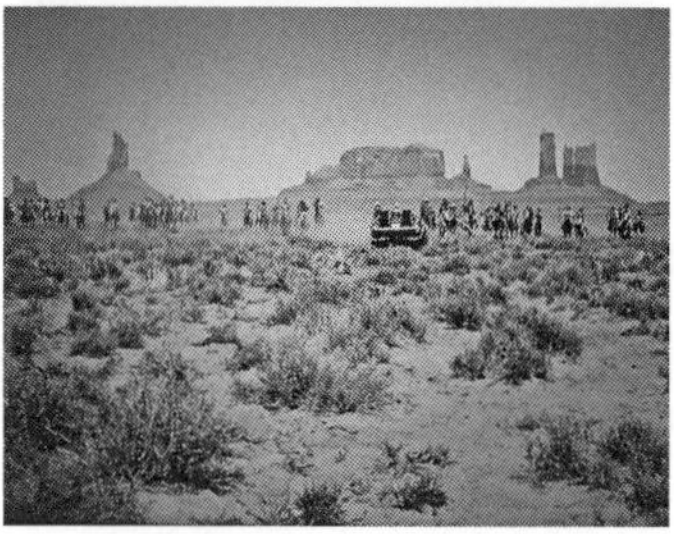

現代のレバノン杉

once existed in the past」

そのセリフの背景がモニュメントバレーです。彼らは史実を知ったうえで、小出しに知識を暴露しています。写真の垂直に切り立った幹は伐採されたレバノン杉の残骸です。

聖書に47回登場するレバノン杉。聖書では雲の中まで届き、山々より高かったと言います。それは明らかに現在の世界遺産登録の森林地帯のそれではないです。聖書の言葉はそのまますべてがありのまま真実ですから。

エゼ31：3「見よ。アッシリヤはレバノンの杉。美しい枝、茂った木陰、そのたけは高く、そのこずえは雲の中にある。」

詩80：11「山々もその影におおわれ、神の杉の木もその大枝におおわれました。」

アラビア語でアル・ラム「神の杉の森」と呼ばれるこの地域にアル・アルツ「杉の木」があります。この山は切り倒された巨大な木の切り株です。切断された高度は１８００メートル付近で60階建てに匹敵し「そのたけは高く、そのこずえは雲の中」と書かれた条件を満たすほどで、現在でも雲の上にまで達します。

メサ。ここはてっぺんが平らですが、差別侵食によって形成されたテーブル状の台地と教えられていますが、自然界では頂上が平らはありえないです。これも切り倒されたレバノン杉の根っ子と少しの部分です。メサの語源はスペイン語で

アリゾナ州　モニュメントバレー・ビュート

アリゾナ州　スーパースティション山脈

コロラド州　マウント・ガーフィールド

アイルランド・ベンバルビン

チュニジア　ユゲルタ・テーブルランド
木にだけある特徴の年輪もはっきり残っています

ワイオミング州　デビルスタワー

オーストラリア　マウント・コナー

南アフリカ　テーブル・マウンテン

カナリア諸島　ロス・オルガノス

ベネズエラ　クケナン・テプイ

ベネズエラ　ロライマ

ベネズエラ　セロ・アウタナ

アメリカ　ハワイ州ホノルル　パンチボウル

群馬県　荒船山

現代の木の切り株と山との比較

机、テーブル、食卓の意ですが、本当に巨人ネフィリムの食卓だったかもしれません。古代の切り株は世界中にあります。

エチオピア語　第一エノク書66章「その頃、主のお告げが私にあって、彼は言われた。『ノアよ、見よ、きみの分のくじが私の所にのぼってきた。傷のない、愛と公正のくじ。今、御使い達が木で作業している。彼らがその仕事を終えたら、私は手をそのものにかけて、これを守り、それから生命の種が生ずるようにしよう。乾いた大地は、からっぽになってしまわないように、変化を経るであろう。私はきみの子孫を私の前に永遠に固うし、きみとともに住む者たちを乾いた大地の面に散らし、彼らは地上で、主の名によって祝福され、ふえることであろう。」

ここで「御使い達が木で作業している」と書かれた意味が「御使いたちなる堕天使と巨人ネフィリムが樹を切り倒している」ということです。しかし、それが終わると神様が種を守り、現在でも木は存在します。

エレン・G・ホワイトの著書『族長と預言者』によると第7章「大洪水」では、レバノンの杉の木がいかに優れたものであったかを記しています。

「ノアの時代には、アダムの罪とカインの殺人が招いた二重の呪いが地球を覆っていた。しかし、自然界の姿を大きく変えることはなかった。場所によっては、明らかな自然破壊が見られたものの、地球にはまだ神の意志により、その美しい贈り物に満ちた。丘には、壮大な樹々が生え、果実を実らせる神聖な枝を支えていた。広大な庭園のような平野は、草木に覆われ、何千もの花々から甘い香りが漂っていた。地球の果物は多彩に満ち、殆ど無限状態に実った。樹々の大きさ、美しさ、そしてその完璧なプロポーションは、現在とは全く比較にならないものであった。その木はきめ細かく、材質はかたく、石を彷彿させ、耐久性に優れた。金、銀、そして宝石は豊富に存在した」

神様が世界を創造された当初、それはそれは美しく豊かで繁栄に満ちた最高の世界でした。人間も1000歳近くまで生きられる優れた存在だったのです。

創1：31「神はお造りになったすべてのものを見られた。見よ。それは非常に良かった。夕があり、朝があった。第六日。」

創2：10－12「一つの川が、この園を潤すため、エデンから出ており、そこから分かれて、四つの源となっていた。第一のものの名はピション。それはハビラの全土を巡って流れる。そこには金があった。その地の金は、良質で、また、そこにはベドラハとしまめのうもあった。」

人間は神に似るように造られた優れた細胞をすでに持っている

ただし罪を犯さない限りは……。レバノン杉のように、失われ搾取された偉大な祝福は実に多く、私たち自身も本当はもっと幸せな成功者になれるのです。全知全能なる神様が、人を神に似るように造られたのですから、人はどれほど卓越した存在なのでしょうか。人間は神様の中で無限大に成功できる可能性を内に持っています。

日本の筑波大学の遺伝子学教授の書いた本によると、本来、人は多くの細胞を持っていて、約1キログラムに1億の細胞があると言います。50キロなら、50億の細胞で出来上がっていることになります。その細胞は顕微鏡でようやく見られるほどに小さいものですが、そのような細胞の中にテープがあり、そのテープにおよそ30億個の遺伝子情報が記録されているというのです。

ところが、30億個の遺伝子情報を持っている人が、一生の間に使うのはわずかその5％に過ぎない。もしもこのすべて100％をみな使うとしたら、人は神様に近い人生を暮らすようになるというのです。到底想像することもできない、爆発的な知恵と聡明と明哲と力が現れて、それこそ今の人間の常識を超越した存在になるだろうというのです。

アダムとエバが堕落しなかったら、神様が与えてくださった私たちの細胞の中にある30億個の遺伝子情報がそのまま私たちの中で活用されて、私たちが皆、アインシュタインのようになり、ベートーベンのようになり、偉大な将軍たち、偉大な芸術家たちになれることでしょう。しかし堕落した人は、その遺伝子情報の

95％はスイッチを切ってしまって、わずか5％を使用しているだけで、人間は万物の霊長となって生きているのです。

Part 12

レバノン杉の行方と地下の国（黄泉、地球中心）の様相！

聖書にはこれがすべて記されていた！

巨人ネフィリムに切り倒されたレバノン杉は、その後、どうなったでしょうか？　現在、こずえが雲の中にまでそびえ立つ巨木は世界のどこにも見当たりませんので、巨人ネフィリムは一本残らず切り倒したということになりますが、聖書には、その後の行方を記した箇所があります。どうぞお読みください。

エゼ31：3－17「見よ。アッシリヤはレバノンの杉。美しい枝、茂った木陰、そのたけは高く、そのこずえは雲の中にある。水がそれを育て、地下水がこれを高くした。川々は、その植わっている地の回りを流れ、その流れを野のすべての木に送った。それで、そのたけは、野のすべての木よりも高くそびえ、その送り出す豊かな水によって、その小枝は茂り、その大枝は伸びた。その小枝には空のあらゆる鳥が巣を作り、大枝の下では野のすべての獣が子を産み、その木陰には多くの国々がみな住んだ。それは大きくなり、枝も伸びて美しかった。その根を豊かな水におろしていたからだ。神の園の杉の木も、これとは比べ物にならない。もみの木も、この小枝とさえ比べられない。すずかけの木も、この大枝のようではなく、神の園にあるどの木も、その美しさにはかなわない。わたしが、その枝を茂らせ、美しく仕立てたので、神の園にあるエデンのすべての木々は、これをうらやんだ。それゆえ、神である主はこう仰せられる。そのたけが高くなり、そのこずえが雲の中にそびえ、その心がおごり高ぶったから、わたしは、これを諸国の民のうちの力ある者（巨人ネフィリム）の手に渡した。彼（巨人ネフィリム）はこれをひどく罰し、わたしも、その悪行に応じてこれを追い出した。こうして、他国人、最も横暴な異邦の民（巨人ネフィリム）がこれを切り倒し、山々の上にこれを捨てた。その枝はすべての谷間に落ち、その大枝はこの国のすべての谷川で砕かれた。この国のすべての民は、その木陰から出て行き、これを振り捨てた。その倒れ落ちた所に、空のあらゆる鳥が住み、その大枝のそばに、野のあらゆる獣がいるようになる。このことは、水のほとりのどんな木も、そのたけが高くならないためであり、そのこずえが雲の中にそびえないようにするためであり、すべて、水に潤う木が高ぶってそびえ立たないためである。これらはみな、死ぬべき人間と、穴に下る者たちとともに、地下の国、死に渡された。神である主はこう仰せられる。それがよみに下る日に、わたしはこれをおおって深淵を喪に服させ、川をせきとめて、豊かな水をかわかした。わたしがこれのためにレバノンを憂いに沈ませたので、野のすべての木も、これのためにしおれた。わたしがこれを穴に下る者たちとともによみに下らせたとき、わたしは諸国の民をその落ちる音で震えさせた。エデンのすべての木、レバノンのえり抜きの良い木、すべての水に潤う木は、地下の国で慰められた。それらもまた、剣で刺し殺された者や、これを助けた者、諸国の民の間にあって、その陰に住んだ者たちとともに、よみに下った。」

なんと！　地上では、巨人ネフィリムがこれを切り倒し、山々の上にこれを捨てた結果、その枝はすべての谷間に落ち、大枝はこの国のすべての谷川で砕かれたと言います。「砕かれた」という表現は、「川の水に打たれて腐り、朽ち果てた」という意味でしょうが、衝撃は命の息あるもの、ないもの、すべては、神様の管理にあり、レバノンの杉の木は、その後、死者たちの下る「地下の国」、黄《よ》泉《み》に下ったと言います。黄泉は地球の中心にあり、そこに横たえられた「地下の国」は、人間の形をして仰向けに横たえられています。聖書を見ながら少し学んでみましょう。

よみの口、よみの手、よみの腹と地獄の黄泉

ヤコブは黄泉に「下って行きたい」と、下にあることを表現しました。

創37：35「彼の息子、娘たちがみな、来て、父を慰めたが、彼は慰められることを拒み、『私は、泣き悲しみながら、よみにいるわが子のところに下って行きたい』と言った。こうして父は、その子のために泣いた。」

モーセも黄泉が下と表現します。

民16：30「しかし、もし主がこれまでにないことを行われて、地がその口を開き、彼らと彼らに属する者たちとを、ことごとくのみこみ、彼らが生きながらよみに下るなら、あなたがたは、これらの者たちが主を侮ったことを知らなければならない。」

ハンナも黄泉が下と表現します。

Iサム2：6「主は殺し、また生かし、よみに下し、また上げる。」

ダビデも黄泉が下と表現します。

I列王2：6「だから、あなたは自分の知恵に従って行動しなさい。彼のしらが頭を安らかによみに下らせてはならない。」

ソロモンも黄泉が下と表現します。

箴15：24「悟りのある者はいのちの道を上って行く。これは下にあるよみを離れるためだ。」

ヨブも黄泉が下と表現します。

ヨブ7：9「雲が消え去ってしまうように、よみに下る者は、もう上って来ないでしょう。」

イザヤも「下界のよみ」、「死者の霊たち」のいる所だと表現します。

イザヤ14：9「下界のよみは、あなたの来るのを迎えようとざわめき、死者の霊たち、地のすべての指導者たちを揺り起こし、国々のすべての王を、その王座から立ち上がらせる。」

黄泉には「槍」で滅ぼす攻撃者、悪魔がいます。

ヨブ33：18「神は人のたましいが、よみの穴に、入らないようにし、そのいのちが槍で滅びないようにされる。」

黄泉の悪魔は「殺す者たち」です。
ヨブ33：22「そのたましいはよみの穴に近づき、そのいのちは殺す者たちに近づく。」

黄泉には滅びの「穴」があります。
ヨブ33：28「神は私のたましいを贖ってよみの穴に下らせず、私のいのちは光を見る」と。

黄泉は悪者どもが行く地獄です。
詩9：17「悪者どもは、よみに帰って行く。神を忘れたあらゆる国々も。」

黄泉は滅びた魂をつなぐ拘束の鎖があり、「恐怖」、「苦しみと悲しみ」の所。
詩116：3「死の綱が私を取り巻き、よみの恐怖が私を襲い、私は苦しみと悲しみの中にあった。」

黄泉には火が燃えています。
箴30：16「よみと、不妊の胎、水に飽くことを知らない地と、『もう十分だ』と言わない火。」

黄泉にはマグマが燃えています。
ヨブ28：5「地そのものは、そこから食物を出すが、その下は火のように沸き返っている。」

黄泉には「よみの口」という空間があります。
イザヤ5：14「それゆえ、よみは、のどを広げ、口を限りなくあける。その威光も、その騒音も、そのどよめきも、そこでの歓声も、よみに落ち込む。」

黄泉には「のど」という空間「よみの口」があります。
ハバ2：5「実にぶどう酒は欺くものだ。高ぶる者は定まりがない。彼はよみのようにのどを広げ、死のように、足ることを知らない。」

黄泉は死者たちの住環境で「よみの手」という空間があります。
詩49：15－16「彼らは羊のようによみに定められ、死が彼らの羊飼いとなる。朝は、直ぐな者が彼らを支配する。彼らのかたちはなくなり、よみがその住む所となる。しかし神は私のたましいをよみの手から買い戻される。神が私を受け入れてくださるからだ。」

黄泉には「よみの腹」という空間があります。
ヨナ2：2「私が苦しみの中から主にお願いすると、主は答えてくださいました。私がよみの腹の中から叫ぶと、あなたは私の声を聞いてくださいました。」

そして、レバノンの杉の木は黄泉に下りました。
エゼ31：16－17「わたしがこれを穴に下る者たちとともによみに下らせたとき、わたしは諸国の民をその落ちる音で震えさせた。エデンのすべての木、レバノンのえり抜きの良い木、すべての水に潤う木は、地下の国で慰められた。それらもまた、剣で刺し殺された者や、これを助けた者、諸国の民の間にあって、その陰に住んだ者たちとともに、よみに下った。」

さて、これらを統合すると、地獄の黄泉には「よみの口」・「よみの手」・「よみの腹」という空間があり、黄泉は人間のような「体の形」があることがわかります。入口はモーセが語った通りの「よみの口」です。

しかし、正反対の黄泉もあります！　それは、旧約時代のアブラハムとラザロが下ったもう一つの黄泉です。彼らは信仰者たちで神様を信じた義人です。彼らが旧約時代に死んで後、下った黄泉という空間は、下にある地獄の黄泉空間とはまったく違う、分け隔てられた上にあるパラダイス天国の黄泉です。この聖書箇所をお読みください。これは私たちの死後、永遠に関わる重大なお話です。

パラダイス、天国の黄泉の様相

ルカ16：19－31「ある金持ちがいた。いつも紫の衣や細布を着て、毎日ぜいたくに遊び暮らしていた。ところが、その門前にラザロという全身おできの貧しい人が寝ていて、金持ちの食卓から落ちる物で腹を満たしたいと思っていた。犬もやって来ては、彼のおできをなめていた。さて、この貧しい人は死んで、御使いたちによってアブラハムのふところに連れて行かれた。金持ちも死んで葬られた。その金持ちは、ハデスで苦しみながら目を上げると、アブラハムが、はるかかなたに見えた。しかも、そのふところにラザロが見えた。彼は叫んで言った。『父アブラハムさま。私をあわれんでください。ラザロが指先を水に浸して私の舌を冷やすように、ラザロをよこしてください。私はこの炎の中で、苦しくてたまりません。』アブラハムは言った。『子よ。思い出してみなさい。おまえは生きている間、良い物を受け、ラザロは生きている間、悪い物を受けていました。しかし、今ここで彼は慰められ、おまえは苦しみもだえているのです。それればかりでなく、私たちとおまえたちの間には、大きな淵があります。ここからそちらへ渡ろうとしても、渡れないし、そこからこちらへ越えて来ることもできないのです。』彼は言った。『父よ。ではお願いです。ラザロを私の父の家に送ってください。私には兄弟が五人ありますが、彼らまでこんな苦しみの場所に来ることのないように、よく言い聞かせてください。』しかしアブラハムは言った。『彼らには、モーセと預言者があります。その言うことを聞くべきです。』彼は言った。『いいえ、父アブラハム。もし、だれかが死んだ者の中から彼らのところに行ってやったら、彼らは悔い改めるに違いありません。』アブラハムは彼に言った。『もしモーセと預言者との教えに耳を傾けないのなら、たといだれかが死人の中から生き返っても、彼らは聞き入れはしない。』」

読んでくださり感謝します。堕落した金持ちが死後、黄泉のハデス地獄で苦しみながら目を上げると、「アブラハムが、はるかかなたに見えた」と言います。アブラハムは、水を求める金持ちの要求を拒んで「私たちとおまえたちの間には、大きな淵があります。ここからそちらへ渡ろうとしても、渡れないし、そこからこちらへ越えて来ることもできない」と言いました。この大きな淵が上にある黄泉（パラダイス・天国）と、下にある黄泉（地獄）を分け隔てていたのです。これがイエス様が来られる以前の旧約時代です。当時、アダムからマラキまで旧約時代400年間は、神様を信じた人も、そうでない人もすべて死後は「黄泉」と呼ばれる「下」に下りました。しかし、神様を信じた人は上層部の上の空間に行き、神様を信じなかった人は下層部の下の空間に行くよう振り分けられました。下層部から堕落した金持ちが見上げれば、上層部のパラダイスが見えるくらいの位置関係です。

そこで、レバノン杉の行先ですが、黄泉に下ったということは先述の通りですが、上か下かが分かりません。たぶん、私は上だと思います。と言うのは神様が忌み嫌うような「高慢」と「悪行」があったから一度は罰として巨人ネフィリムたちに切り倒されますが、その後、慰めを受けているからです。

以下のレバノン杉に関する箇所をご覧ください。

エゼ31：10－12「そのたけが高くなり、そのこずえが雲の中にそびえ、その心がおごり高ぶったから、わたしは、これを諸国の民のうちの力ある者（巨人ネフィリム）の手に渡した。彼（巨人ネフィリム）はこれをひどく罰し、わたしも、その悪行に応じてこれを追い出した。こうして、他国人、最も横暴な異邦の民（巨人ネフィリム）がこれを切り倒し、山々の上にこれを捨てた。」

特有の芳しい香りを放ち、高さが雲の間にまでそびえるほど祝福された最高のレバノン杉だったのに、神様に対する「高慢」と「悪行」があったようで巨人ネフィリムに攻撃され、切り倒されました。人も巨木も聖書に書かれた通りです。

Iペテロ5：5「みな互いに謙遜を身に着けなさい。神は高ぶる者に敵対し、へりくだる者に恵みを与えられるからです。」

エゼ31：16「エデンのすべての木、レバノンのえり抜きの良い木、すべての水に潤う木は、地下の国で慰められた。」

　レバノン杉は、地上で一度は滅ぼされましたが、黄泉では神様の恵みで慰めを受けました。もし、レバノン杉の死後の行先が黄泉の下層部だったなら、「地下の国で慰められた」とは絶対なりません。地獄に「慰め」はまったくないからです。移されたのは黄泉の上層部のパラダイス天国です。

　さて、イエス・キリストが約２０００年前、神様が人となって誕生し、この世に来られました。イエス様は巡り歩いて良いわざをなさり、汚れた霊どもを追い出し、あらゆる病気、あらゆるわずらいを癒され、神様への悔い改めと天国の希望を説かれました。しかし、悪魔と罪人たちの反発を受けて罪もないのに不法な裁判で有罪判決を受け、十字架で殺されました。しかし、父なる神様は罪のないイエス・キリストを預言通り３日目に黄泉から復活させました。その際に、下られた黄泉の上層部で３日間、何が起きていたでしょうか？　外典聖書「ニコデモ福音書24章－25章」には証言されています。

「一方でハデスがサタンとこのように議論している間に、栄光の王（イエス・キリスト）はその右手をあげて、始祖アダムをつかみ、持ち上げた。そして、ふりかえり他の者達に仰せられた。『このアダムがかつて、知恵の木に触れることによって人間が死ぬ運命に定められたのだが、その結果死んだあなたがた皆、後についで来るがよい。今や十字架の木によってあなたがたを皆よみがえらせよう。』こう言って彼（イエス・キリスト）は皆を黄泉から外へ投げ出した。始祖アダムは喜びに満ちた様子で、『主よ、下界の黄泉から私を導き出して下さったあなたの偉大さに感謝します。』と言った。同時に、すべての預言者、聖徒達も言った。『世界の救い主なるキリスト様。我らの生命を滅びの中から導き出して下さったことを感謝します。』

彼らがこのように言うと、救い主（イエス・キリスト）は顔の所で十字架の印を切ってアダムを祝福した。また、族長、預言者、殉教者、父祖達に対しても同じことをなし、彼らを連れて黄泉から飛び出して行かれた。このようにして彼（イエス・キリスト）が進んで行かれると、聖なる父祖達はこれに従いつつ、賛美を歌って言った。『主の御名によって来たる者に祝福あれ、ハレルヤ。すべての聖徒から栄光が彼に帰されんことを。』

さて、主（イエス・キリスト）は父祖アダムを手でつかんで天国に行かれ、大天使ミカエルに手渡した。他のすべての義人達も渡した。彼らが天国の門に入ると、そこで、二人の高齢の人に出会った。聖なる父祖達はこの二人に言った。『死ぬことがなく、従って黄泉に下ったこともなく、肉体も精神もそのままにこの天国に住んでおいでになるあなたがたはどなたですか。』

そのうちの一人が答えて言った。『私は神様のお気に入りのエノクです。神様が私をここに移して下さったのです。またこちらはティシュベ人のエリヤさんで、私達二人は世の終わりまで生きることになっているのです。世の終わりになると反キリストが起こるのですが、その時に私たちは神様によって遣わされ、反キリストによって殺されます。けれど三日後には復活して、雲に乗って主（イエス・キリスト）にお会いするために連れられてくることになっています。』

イエス様は黄泉で、自らの十字架の勝利宣言をなさりました。これは聖書にもあります。

Ⅰペテ3：18－19「キリストも一度罪のために死なれました。正しい方が悪い人々の身代わりとなったのです。それは、肉においては死に渡され、霊においては生かされて、私たちを神のみもとに導くためでした。その霊において、キリストは捕らわれの霊たちのところに行って、みことばを語られたのです。」

イエス様が「捕らわれの霊たち」である旧約時代に死んで黄泉の上層部にいたすべての義人たちに「みことばを語られた」のは、十字架の勝利宣言です。その後、イエス様は3日目によみがえられ、オリーブ山頂から天に昇られた時に、アダムからすべての旧約時代の義人たちをいっせいに天国に移されたのです。

エペ4：8－10「『高い所（天国）に上られたとき、彼（イエス・キリスト）は多くの捕虜（旧約時代の義人たち）を引き連れ、人々に賜物を分け与えられた。』この『上られた』ということばは、彼（イエス・キリスト）がまず地の低い所（黄泉）に下られた、ということでなくて何でしょう。この下られた方（イエス・キリスト）自身が、すべてのものを満たすために、もろもろの天よりも高く上られた方なのです。」

イスラエルの王は戦争に勝利後、敵から奪ったたくさんの分捕り物を戦利品として携え、兵士らと共に帰還の行列をします。その際、王様が先頭切って帰還しますが、家から出てきた女、子供たちはその勝利を祝い、手にシュロの葉を振りながら賛美と踊りをもってお迎えします。イエス様の天国凱旋も同様です。先頭の王の王イエス様は地上の戦いに勝利され、天国に凱旋の行列をもって帰還されました。その戦利品と後に続く兵士たちとは、旧約時代の義人たちです。御使いたちが栄光の主イエス様を天国の都で大喜びで迎える賛美の大合唱が想像できますか？

このようなわけで、今の新約時代は、神様であるイエス様を信じて後、死んだクリスチャンは下ではなく、上の天国に移されるのです。ちょうどこんな感じです。イエス様を信じて死んだ次の瞬間、目の前に道先案内の美しい天使が神様から遣わされて、あなたの前に現れます。私たちは思うでしょう。

「あれ？　たった今、私は死んで、あの体から離れたのに。生きてここにいる。あれ？　光り輝くあなたは誰ですか？」

「恐れることはありません。父なる神様に愛され、選ばれた幸いな人よ。あなたは御子イエス・キリストの十字架の血で洗われ、救われたのです。永遠の命に入りなさい。慈愛に満ちた我らの神様に栄光あれ。さあ、行きましょう」

こうして手に手を取ってあなたは上に上に昇り、第一の天である空を上空高く通過し、第二の天である宇宙を通過し、第三の天である天国に入ることになるのです！　ハレルヤ！


しかし！　万一、地上に生きている間に、罪悔い改めてイエス様を信じることなく罪人のままで死んだならば、永遠の絶望的破滅、終わりの始まりです。死んだ瞬間、下から遣わされた恐ろしい形相の悪霊が正体を現します。さっきまでご先祖様が戸口にお迎えに来ているような感じで、ぼんやり見たり信じたり話しかけたりしていた霊的存在は、故人のふりをして化けた悪霊だったのです！　恐怖のうちに悪霊はあなたを太い鉄の鎖で縛り、下へ下へ回転する恐ろしいトンネルを通じて地球の中心にある拷問地、黄泉の地獄に引き込みます。そこでの拷問の苦しみは永遠に休むこともできない、死ぬこともできない炎と悪魔の拷問とウジ虫や恐怖、後悔が永遠に続く骸骨だらけの魂の地獄です。

しかし、恐れないで大丈夫です。この本を読める今ならまだ間に合います。焦らず取り乱さず、でも、急いで真理を求めて教会に行ってください。自分自身の救いのためにイエス様を本気で信じて聖霊様を受けてください。

イザヤ48：17－19「あなたを贖う主、イスラエルの聖なる方はこう仰せられる。『わたしは、あなたの神、主である。わたしは、あなたに益になることを教え、あなたの歩むべき道にあなたを導く。あなたがわたしの命令に耳を傾けさえすれば、あなたのしあわせは川のように、あなたの正義は海の波のようになるであろうに。あなたの子孫は砂のように、あなたの身から出る者は、真砂のようになるであろうに。その名はわたしの前から断たれることも、滅ぼされることもないであろうに。』」

聖書のパウロは「第三の天」なる天国でパラダイスの都を見たと言います。

IIコリ12：2－4「私はキリストにあるひとりの人を知っています。この人は十四年前に肉体のままであったか、私は知りません。肉体を離れてであったか、それも知りません。神はご存じです。第三の天にまで引き上げられました。私はこの人が、それが肉体のままであったか、肉体を離れてであったかは知りません。神はご存じです、パラダイスに引き上げられて、人間には語ることを許されていない、口に出すことのできないことばを聞いたことを知っています。」

天国にあなたが行くと、パラダイスと呼ばれる黄泉の上層部、義人たちの待合室が移転済みでそこにあります。実はこの空間こそ、もともと地上にあったエデンの園だと思われます。なぜならエデンの園は一度、地上でアダム追放後に失われ、その後、地球の中心、エデンの園の上層部に移され、その後はイエス様の復活・昇天の時、戦利品のごとく、天国に移されたからです。その証拠に「いのちの木」はもともと地上のエデンの園の中央にあったのに、今は天国のパラダイスの中に移動しているからです。使徒ヨハネが目撃証言しています。

黙2：7「耳のある者は御霊が諸教会に言われることを聞きなさい。勝利を得る者に、わたしは神のパラダイスにあるいのちの木の実を食べさせよう。」

ですから、あなたはそれを採って食べることができます。いや、必ずそれを食べなければ天国の都には入れません。それを食べる時、あなたの霊が強くなり、魂が恵まれ、すべてに恵まれ、健やかに癒されて、永遠のいのちを頂いて開かれた扉、天国の都に入れるのです！　イエス様が流された十字架の血潮が私たちの罪の汚れを取り除いて洗い清めます。3日後の復活を信じて神様の子となる特権を頂きます。その特権は天国の新しい栄光の体のよみがえり、永遠のいのちです。

しかも、いったんは切り倒されて地下の国、黄泉に下ったレバノン杉もエデンの木々と一緒に天国の郊外、美しい大自然の楽園パラダイスに移されて今も生きています！　イエス様が復活・昇天された時、天国に移されたからです。

あなたが、いのちの木の実を食べて、復活したレバノン杉を天国の待ち合い星、パラダイスで必ず目撃することになります！

黙22：14「自分の着物を洗って、いのちの木の実を食べる権利を与えられ、門を通って都に入れるようになる者は、幸いである。」

レバノン杉の存在はサタンとその従者たちによって学校の歴史教科書でもメディアでも教わることなく隠蔽されてきました。実はもっと重要な木も同様に隠蔽されてきたのです。それがイエス・キリストの十字架です。イエス様の十字架のことばを悟れば、私たちはサタンを追い出して幸せになり、最後は現実の天国に入れます。だから天敵サタンは徹底的に邪魔して隠蔽しているのです。

Part 13

サタンVS神の攻防、あなたにはどちらにつくのか⁉

災害の時こそ、正しくあれ

イエス様は「ホサナ」と賞賛された順調の時も、「除け十字架だ」と落とされた逆境の時も、変わらず冷静沈着で愛を貫かれました。

台湾で「どこから来ましたか？　ご協力をお願いします」と書かれたアンケートボードに日本人の国民性が浮き彫りになっているとの話題です。綺麗に整列して貼られたシールが日本人の几帳面な国民性を表しています。

ネットで拡散された海外の反応。

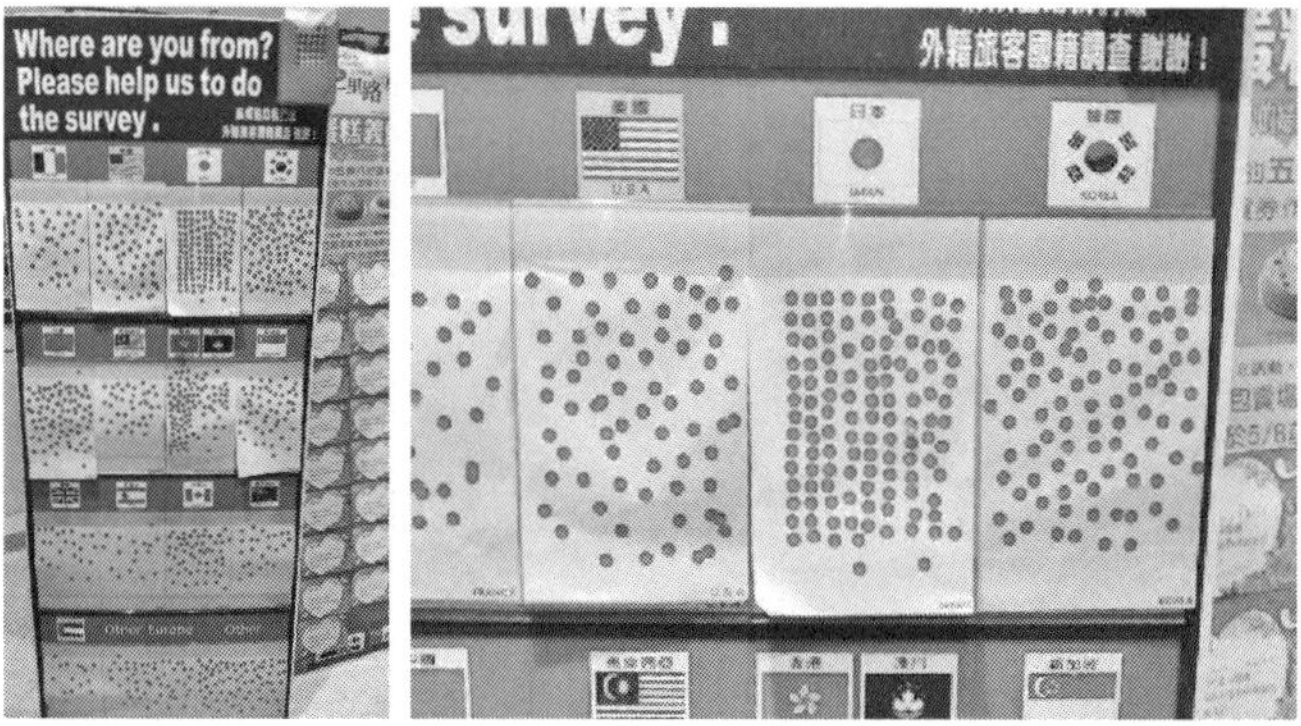

・日本人はやっぱり日本人だった件
・日本人なら中心部に円の形でシールをすべて貼るべきだった
・日本のシールの中にも反抗的な奴がいくつかあるな
・日本の電車駅を思い出した。みんな一直線に並んでるんだよね
・日本人は整然としすぎだ。これこそ日本製の自動車はすばらしい理由だ！

日本では災害時の混乱でも被災者が物資受け取りの列にキチンと並んでいることが、海外で大きな話題です。

3世紀末、中国の歴史書の魏志倭人伝「日本人は嘘をつかない。泥棒がほとんどいない。非常に立派な民族だ」

7世紀、中国の隋書倭国伝「人はとても落ち着いており、争訟は稀で、盗賊も少なく、百済・新羅は日本（倭）を尊敬して仰ぎ、使いを通わせていた」

1549年、宣教師フランシスコ・ザビエル「この国の人々は、今まで発見された国民の中で最高であり、日本人より優れている人々は異教徒の間では見つけられない。彼らは親しみやすく、一般に善良で悪意がありません。また、武士達はいかに貧しくとも、そして武士以外の人々がどれほど裕福であっても、大変貧しい武士は金持ちと同じように尊敬されています」

1853年、黒船で来日したペリー提督、1年後の安政南海大地震の目撃者「彼らは落胆せず、不幸に泣かず、男らしく仕事に取り掛かり、意気阻喪することもほとんどないようであった」

1866年、横浜大火の目撃者エドゥアルド・スエンソン「日本人は、いつに変わらぬ陽気さやのんきさを保っていた。いつまでも不幸を嘆いて時間を無駄にしたりはしなかった。持ち物すべてを失ったにもかかわらずにである」

1878年、牧師の長女として生まれたイギリス人探検家で作家のイザベラ・バード「ヨーロッパの国の多くや、所によっては我が国でも女性が外国の衣装で一人旅をすれば、現実の危険はないとしても無礼や侮辱があったり金をぼったくられたりするものだが、私は、一度たりともそのような目にあわなかった」

1943年、駐日フランス大使7年間勤務したポール・クローデル「私が、どうしても滅びてほしくない一つの民族がある。それが日本人だ」「あれほど古い文明をそのまま今に伝えている民族は他にはない。彼らは、貧しい。しかし、高貴である」

関東大震災の時、「廃墟の下に埋もれた犠牲者たちでさえ『助けてくれ!』といった差し迫った叫び声をあげなかった。ただ『お願いします……』という慎ましい懇願の声だった。震災当日の夜の野営地でも不平一つ聞くことはなかった」

1922年、来日したアインシュタイン「近代日本の発達ほど世界を驚かしたものはない。その驚異的発展には他の国と違ったなにものかがなくてはならない。果たせるかなこの国の歴史がそれである。この長い歴史を通じて一系の天皇を戴いて来たという国体を持っていることが、それこそ今日の日本をあらしめたのである。私はいつもこの広い世界のどこかに、一ヶ所ぐらいはこのように尊い国がなくてはならないと考えてきた。なぜならば、世界は進むだけ進んでその間幾度も戦争を繰り返してきたが、最後には闘争に疲れる時が来るだろう。このとき人類は必ず真の平和を求めて世界の盟主を挙げなければならない時が来るに違いない。その世界の盟主こそは武力や金の力ではなく、あらゆる国の歴史を超越した、世界で最も古くかつ尊い家柄でなくてはならない。世界の文化はアジアに始まってアジアに帰る。それはアジアの高峰日本に立ち戻らねばならない。我々は神に感謝する。神が我々人類に日本という国を作って置いてくれたことである」

1995年、阪神大震災の際、米国紙「日本人の我慢。われわれも日本から学ぶべきだ。同情の気持ちと深い尊敬の念を表したい」

2011年、東日本大震災以後、CNNテレビ。米国のスタジオにいるキャスターのウルフ・ブリッツアー記者と、宮城県・仙台地区にいるキュン・ラー記者とのやりとりが世界各国に向けて放映されました。

ブリッツアー記者「災害を受けた地域で被災者が商店を略奪したり、暴動を起こしたりという暴力行為に走ることはありませんか？」。

ラー記者「日本の被災地の住民たちは冷静で、自助努力と他者との調和を保ちながら、礼儀さえも守っています。共に助け合っていくという共同体の意識でしょうか。調和を大切にする日本社会の特徴でしょうか。そんな傾向が目立ちます。略奪のような行為は驚くほど皆無なのです。みんなが正直さや誠実さに駆られて機能しているという様子なのです」

米国紙「日本ではなぜ略奪が起きないのか」
別の米国報道機関「05年のハリケーン・カトリーナや10年のハイチ大地震などでは住民による略奪が付きものだったのに、無法状態が日本では見られない」
ABCテレビ「スーパーやコンビニの前で、静かに整然と住民が並び、長蛇の列が乱れない」

２０１１年、東日本大震災以後のニュース「被災金庫の22億円返還」。「岩手、宮城、福島の3県で約５７００個の金庫が警察署に届けられ、中の現金合計は約23億６７００万円。届けられた財布やバッグの現金も合わせると約37億９００万円。その内、85パーセントの約31億円が持ち主に戻りました」

これを受けてアメリカの大型掲示板 Reddit の反応
「1年半日本に住んでました。銀行のATMで５００ドル相当の日本円を引き出したまま、置き忘れたことがあって、20分後に銀行から電話がかかってきて自分の口座に戻してもらったことがあった。誰かがＡＴＭから銀行に持っていってくれたみたい。信じられないかもしれないけど、本当の話なんだ」

「電車賃がなくて困ってると、交番で警察官がお金を貸してくれる国だからね」

「『財布を道で拾ったら交番に届ける』って日本じゃ子供でもできる」

「責任感と他人への同情が他の国とはレベルが違う」

「旅行で日本に行って、ホテルの部屋に財布やカメラを置いたまま外出してもホテルの従業員は盗まないんだ」

「地震の後に強奪がなかったのは本当だったんだ。やっと信じたよ」

「日本を含む６カ国に住んだことがあるけど、危険を感じたことのない唯一の国だった」

「日本の悪口言ってるヤツは、まず日本を訪れて、財布を失くしてみろ。話はそれからだ」


２０１８年、サッカーのワールドカップ、ロシア大会グループリーグＨ組でコロンビアを破る番狂わせを演じた日本代表。イギリス公共放送「ＢＢＣ」は試合後に客席でゴミ拾いをしたサポーターに脚光。

「サムライブルーのサポーターは、一度もこの良きマナーを欠いたことがない」

と称賛。

２０２０年、新型コロナ以降の日本人についてネットから
（オーストラリア／20代／男性）「『親しき仲にも礼儀あり』という言葉が好きです。尊敬する日本人の友人たちは、どんなに親しくても約束を破ったり不愉快にさせたりすることは決してしません」
（フランス／30代／男性）「日本人の同僚はみんな、リモートワークでも化粧をしてきれいな服装で仕事をしているようです。オンライン会議で部屋着の人は一人もいません」
（ドイツ／10代／男性）「電車で『発車が3分遅れて申し訳ありません』とアナウンスが流れた時、聞き間違えじゃないかと思った」

（ベトナム／30代／男性）「会社を訪問する時、受付で5分前になるまで待ってから行く同僚。必ず『5分前』が彼のルールらしい」

（ニュージーランド／20代／女性）「ホームパーティで遅く来た日本人の友人が、とても申し訳なさそうに謝りました。自由に出入りする場だったから誰一人気にしていなかったのに」

（タイ／20代／女性）「タイでは合掌しておじぎをする時に親指を顔に当てますが、お坊さん、目上の人、友達と、相手の位が高くなるほど、親指を当てる顔の場所も高くします。就職活動をしていた時に、日本のおじぎも作法があるんだ！と驚きましたが、角度、秒数、入室時と退室時の違いと、マナーの多さはタイ以上。本当にびっくりしました」

（ロシア／20代／男性）「どの会社でも、エレベーターで相手を見送る時に、閉まるまでおじぎをする。日本で働き始めた時、その姿が印象的でした」

（香港／30代／女性）「ビジネスメールで要件が終わった後に『かしこまりました。ありがとうございました』と、日本人は必ずお礼を返す。香港では、要件を理解したら返事をしないのが普通です」

（インド／20代／男性）「年賀状、暑中見舞い、お中元にお歳暮と、季節のお礼と挨拶をちゃんとする。僕の同僚は、僕がクリスマスカードを必ず送ってくれるよ。彼女はクリスチャンじゃないのに！　毎年、丁寧だなぁと感激しているんだ」

（イタリア／40代／男性）「この間、銀行でアンケートを答えたら、直筆のお礼の手紙が届きました。企業からここまで丁寧なお礼をもらえるなんてびっくり」

（インドネシア／20代／女性）「私の国は常夏だから、みんな並ぶのが苦手。季節に関係なく、お店の前で1時間以上も行列している人たちを見ると、なんて忍耐強いんだろうと感心しちゃう」

（アメリカ／20代／女性）「この間、たまたまマスクを販売している薬局があって立ち寄ったら、みんな慌てずに商品を取り、ちゃんと並んで買い物していたの。他の国なら奪い合いで混乱していたと思う」

（台湾／30代／男性）「東日本大震災のニュースを母国で見ていた時、電車が遅れても列を乱さず並んでいる日本人の姿に感動しました。日本人の精神力の強さに惹かれ、日本で働きたいと思って来日したんです」

（日本／年齢不明／私）「『日本』はヘブライ語で『聖書に従う国』、アラム方言で『大和・ヤマト』は『神の民』。『瑞穂・ミズホの民』は『東へ向かったユダヤ人』。清い水がこんこんと湧き出て、自然豊かに、魚影も濃く、神様に愛されて祝福された選民の聖地です。たった一つ大問題は人格的にも素晴しいのに、霊的には危機管理が無頓着。何でも騙されて信じ、拝んでしまう。この民がイエス様を発見して、本当に信じれば凄いことになり、キリスト教の全世界基準になると思う」

Part 14

姿を現した悪魔たちによって、あなたは試されている！

血清療法

破傷風は致死率が非常に高く、当時、ヨーロッパでは出生時のへその緒の処置が悪くて56人の新生児のうち、41人が破傷風で亡くなり、毎年80〜100万人が死亡していました。ドイツへ留学していた北里柴三郎さんは1889年、世界で初めて破傷風菌の純粋培養に成功し、治療法を確立します。「この研究を、人命を救うところまで、もっていきたい」という信念が彼を突き動かし、動物実験を繰り返しました。まず動物に対する致死量を決めた上で、ごく微量の毒素から始め、段階的に濃度を上げてうさぎや馬に投与します。動物は少しずつ免疫を獲得し、溶液に含まれている致死量の毒素にも耐えられるようになります。そしてその動物から採取した「血清」を精製して別の動物に注射すると、その個体も毒素に耐えられるようになります。

破傷風菌の純粋培養に成功した翌年、北里さんは世界初の治療法を発表します。破傷風の血清療法は、その後の破傷風、ジフテリアのワクチン開発、エボラ熱ワクチンにもつながり、世界中で医療に役立てられました。北里さんの研究は、100年以上たった現在も、新生児を含め、人々の生命を守り続けています。このような純粋ワクチンなら有益です。しかし、これにあえて不要で有害な超小型マイクロチップや巨人ネフィリムのDNA、その他、有害物質など人口削減目的に混入するならば、ただの細菌兵器です。

正しい血清療法とは、馬などに、毒素を弱毒化した上で注射し、毒素に対する抗体を作らせ、この抗体を含む血清を病気の治療や予防に用います。例えば、蛇のニホンマムシやハブの毒素に対する抗体を馬に作らせます。マムシの毒を馬に注射で投与すれば、馬は意識を失うほど苦しみ、一度は倒れます。やがて馬が毒に打ち勝って意識を取り戻した時、その毒素に打ち勝った強い抗体を含む血清を取り出し、精製して人の患者に投与します。すると人間の力で勝てなかった毒素に対して、すでに身代わりに苦しんで毒素に打ち勝ち回復した馬の抗体を内に受けて、人は癒されます。

このようなすでにマムシの毒に勝った抗体ある馬が、まさにイエス・キリストの十字架の死と復活を象徴します。毒素に勝利した免疫力を持つ勝利の血清とは、人間の罪にすでに打ち勝ったイエス様の血の力を信じて、これを素直に受け入れれば救われます。私たちの抗体投与とはイエス様が十字架で死んで、3日目に悪魔と罪と地獄の力に打ち勝ってよみがえった、勝利の血の意味を受け入れることです！

黙12：11－12「兄弟たちは、小羊の血と、自分たちのあかしのことばのゆえに彼に打ち勝った。彼らは死に至るまでもいのちを惜しまなかった。それゆえ、天とその中に住む者たち。喜びなさい。しかし、地と海とには、わざわいが来る。悪魔が自分の時の短いことを知り、激しく怒って、そこに下ったからである。」

Ｉペテ３：18「キリストも一度罪のために死なれました。正しい方が悪い人々（私たち罪人）の身代わりとなったのです。それは、肉においては死に渡され、霊においては生かされて、私たちを神のみもとに導くためでした。」

ロマ５：６－８「私たちがまだ弱かったとき、キリストは定められた時に、不敬虔な者のために死んでくださいました。正しい人のためにでも死ぬ人はほとんどありません。情け深い人のためには、進んで死ぬ人があるいはいるでしょう。しかし私たちがまだ罪人であったとき、キリストが私たちのために死んでくださったことにより、神は私たちに対するご自身の愛を明らかにしておられます。」

パンデミック後の近未来

ルカ21：10「民族は民族に、国は国に敵対して立ち上がり、大きな地震があり、方々にききんや疫病が起こり、恐ろしい光景や天からの大きなしるしが現れます。人々は、この世界に起ころうとしていることを予測して、恐ろしさのあまり気を失います。天のもろもろの力が揺り動かされるからです。」

「聖書」は、世界の終末に何が起こるかを前もって預言しています。約2000年前、イエス・キリストは、世の終末にもう一度戻ってこられる直前や世の終末に、多くの「前兆」があると語られました。そのメインの前兆は、①国々が敵対し、戦争が起こる。②コロナウイルスをはじめとした疫病が方々に起こる。③その結果、「ききん」（経済危機）が起こる。④大地震が起こるの4つです。

世界的な「疫病」が起こるとイエス・キリストは預言されました。新型コロナウイルスにより、経済活動が停止し、破産申請者が増え、国家的な「ききん」、「恐慌レベルの経済的危機」が近未来にやってくる可能性が高くなりました。また、経済的危機に乗じて、「戦争屋」である世界の黒幕、軍産複合体が戦争勃発を仕向け、金儲けする動きも活発化していきます。戦争が起これば、ハイパーインフレによって、通貨の価値はなくなり、最悪、紙くず同然になります。世の終末期には、「疫病」⇒「ききん」、「世界恐慌」⇒「戦争」がセットで起こることが、聖書預言です。

世界の黒幕、反キリストが、これから行うことは、まず通貨をなくして世界政府・世界中銀を創設し、世界共通の「デジタル通貨」を発行することです。既存の通貨（特に紙幣）の表面には、不特定多数の人々の手により、雑菌だけではなく、コロナ等のウイルスが付着している可能性があるという理由や電子デジタル化の有用性から、今後、キャッシュレス化が加速していきます。現行のスマホ決済では、お年寄りには使いづらいので、新決済システムが採用されます。それは、世界中のすべての人々の右手か額に、「マイクロチップ」の刻印が埋め込まれます。このチップは、「ワクチン」とセットで埋め込まれるパテント666でしょう。これなしでは、売買ができなくなると聖書は預言しています。このチップの埋め込みにより、資産状況や病歴、位置情報等すべての個人情報が世界政府によって把握され、「統制社会」となります。聖書は、そのチップを埋め込む者は、666の称号を持つ反キリスト＝悪魔的人物、世界政府の首相の支配下に入り、地獄への道を歩むことになると警告預言しています。

しかし、良い知らせがあります。2000年前に神様が人となって来られたイエス様を「救い主」として信じるなら、あなたの罪は赦され、反キリストの支配から解放され、地獄ではなく、天国へ行けるようになります。また、疫病であれ、経済的危機であれ、メンタル的な問題であれ、イエス様の名前を呼び、神様に祈るなら、問題からの脱出の道が開かれます。死に打ち勝って復活したイエス様は、この世界にもう一度、戻ってこられます。イエス様は、宗教家ではなく、今、生きておられる神様です。日々、祈ってみてください。何かが起こります。愛の革命が起こります。

Ｉコリ13：４－８「愛は寛容であり、愛は親切です。また人をねたみません。愛は自慢せず、高慢になりません。礼儀に反することをせず、自分の利益を求めず、怒らず、人のした悪を思わず、不正を喜ばずに真理を喜びます。すべてをがまんし、すべてを信じ、すべてを期待し、すべてを耐え忍びます。愛は決して絶えることがありません。」

昔も今も数々の陰謀があります。インディアンは親切なイギリス人から貰った毛布を使用して塗られた天然痘ウイルス感染で人口削減させられました。悪魔の陰謀の中でも最大の策略は、「神様なんていない。人間は進化の産物。悪魔もいない。天国も地獄もない。どうせ死ぬのだ。さあ、愉快に飲んで楽しもう」。

違います！　あなたを愛し、あなたのために身代わりとなって十字架で命を捨ててまでも本気で愛された救い主イエス・キリストが今ここにおられます！「あなたは高価で尊い。私はあなたを愛している」と神様は言われます。悪魔の陰謀にやられないように、神様を全力で求めてください。聖書を本気で読んでお祈りください。聖霊なる神様は見えませんが、本気で求めれば必ず発見、体験できます。あなたのためにすばらしい最高の天国を準備して招いておられますから、子供のように素直に救い主イエス様を信じてクリスチャンになってください。罪を持ったまま悔い改めないで死んだら、永遠の炎燃える地獄です。

だから、どうか、諦めないでいい教会を必死に見つけ出して、牧師に話しかけてください。「どうしたら救われて天国に入れますか？　イエスの十字架って、どんな意味ですか？　イエスの復活って本当ですか？　本当に神様はいますか？」親身になって相談相手になってくれる牧師がいたら、そこはあなたの永遠の魂を預けられる本物のあなたの教会です。牧師が陰謀情報をまったく知らなくても大丈夫ですから、謙遜に自分自身の救いのために通い続けてください。一番大事なことはイエス様を信じて天国に入ることです。他は気にしないで、人を見ないで、神様だけ見つめて通い続けてください。神様はきっとあなたにふさわしい信仰の友を与えてくださいます。互いに祈り合い、助けてくれる立派なクリスチャンを友としてください。友の影響は大きいです。滅びに至らせる友人たちもあれば、兄弟よりも親密な者もいます。堕落したこの時代と共に滅ぼされないよう、勇気を持って教会に行き、イエス様の十字架の犠牲愛を受けてください。イエスの様の血潮は心を清めて、呪いを砕き、永遠の神の子に新生させます。

ある途上国のキリスト教ミッションスクールにて宣教師の呼びかけに生徒らは恐れて誰も応じませんでした。「誰か、お願いします。クラスの女の子の手術に至急、献血が必要です。誰か、協力してほしい！」

やがて一人の少年が親友であるその子の癒しを願い、勇気をもって献血を志願して立ち上がりました。医務室では、注射針が少年の細い腕に刺され、採血が始まりましたが、少年は次第に涙ぐみ、耐えきれなくなったようにポツリ言いました。「先生。あとどのくらいで僕は死ぬの？」

少年は献血というものを知らなかった。少年は献血を申し出た時、すでに自分の死を決意していたのです。小さいながら親友を想う大きな犠牲愛、神様の御前では、すでに命を与えたも同様の勇敢な犠牲愛の行動でした。

ヨハ15：12－13「わたしがあなたがたを愛したように、あなたがたも互いに愛し合うこと、これがわたしの戒めです。人がその友のためにいのちを捨てるという、これよりも大きな愛はだれも持っていません。」

イエス・キリストは私たちが犯したすべての罪の罰を身代りに受けて、罪もないのに十字架で血を流して死なれ、3日目に復活されました。その犠牲愛を受け入れる時、永遠の命を受けることができます。

敬虔なクリスチャンであるディクライヤン夫妻。妻の頭痛が始まったのは2017年3月でした。単なる片頭痛から嘔吐まで悪化。そこで最初に撮った脳のスキャンで、キャリー・ディクライヤンさん（37歳）の脳に腫瘍があることが判明。夫のニック・ディクラヤンさん（39歳）によると、4月に手術が実施され、腫瘍は摘出されたけれど、それから1カ月も経たないうちにキャリーの腫瘍は再発し、ショッキングな事実を知らされました。余命宣告と同時に彼女は妊娠8週目。それは辛い選択です。医師は2つの選択肢を提示。一つは、化学療法でキャリーの延命を試みることですが、その場合、妊娠の継続を諦めることになる中絶。もう一つは、子供を産むことですが、その場合、キャリーは生きられないのです。残酷な選択肢から2人が選んだ道とは母が死に赤ちゃんが生きる出産でした。元気な女の子を産んで後、がんが全身に満ちた母は残念ながら死亡しました。我が子に命を与えた美しい母の犠牲愛でした。

イエス・キリストの愛はちょうどそのようです。私たちを罪と不幸と地獄から救うために、身代わりとなって罪なき神様御自身なのに十字架について血を流して死なれ、3日目に復活されました。信じる者には誰でも罪の赦しと死後の天国における永遠の命を与えてくださいます。神様は愛です。イエス・キリストは道で真理で命です。イエス様を信じて生きることは天国の希望を抱いて、本物の愛を学び、実践しながら、イエス様を目標に生きるすばらしい楽しい人生です。ぜひ聖書に興味を持たれ、共に学び、礼拝しましょう。信じる者は本当に天国に入れます。その証拠としてイエス様に祈ると正しい願いはかなえられ、現代でも奇蹟は起き、問題は解決されます。数々の不思議な体験によって神様が本当におられることがだんだんわかるようになります。今、信じてこのように声に出してお祈りください。

「天の父なる神様、感謝します。罪なき神様の独り子イエス・キリストが私の罪の身代わりとなって十字架にかかり、血を流して死なれ、三日目によみがえられたことを信じます。私の罪を赦して心をイエス様の血潮で洗い清めて下さい。悔い改めます。聖霊様を心に与えて下さり、今より永遠まで悪の陰謀から救ってお守り下さい。聖書と神様が分かるように助けて下さい。私の願いを聞いて下さい。私の問題を解決して下さい。神様の奇蹟を信じます。天国と永遠の命を与えて下さり、ありがとうございます。神様は私の父です。イエス・キリストは私の救い主です。助け主の聖霊様を受け入れます。私は救われたことを感謝してイエス・キリストの名前でお祈りします。アーメン」

その他、イエス様の名前で自己流でたくさんお祈りください。神様は生きて働くすばらしいお方ですから体験できます。

エレミヤ29：11－13「わたしはあなたがたのために立てている計画をよく知っ

ているからだ―主の御告げ―それはわざわいではなくて、平安を与える計画であり、あなたがたに将来と希望を与えるためのものだ。あなたがたがわたしを呼び求めて歩き、わたしに祈るなら、わたしはあなたがたに聞こう。もし、あなたがたが心を尽くしてわたしを捜し求めるなら、わたしを見つけるだろう。」

エレミヤ33：2－3「地を造られた主、それを形造って確立させた主、その名は主である方がこう仰せられる。わたしを呼べ。そうすれば、わたしは、あなたに答え、あなたの知らない、理解を越えた大いなる事を、あなたに告げよう。」

黙22：12－17「見よ。わたし（イエス・キリスト）はすぐに来る。わたしはそれぞれのしわざに応じて報いるために、わたしの報いを携えて来る。わたしはアルファであり、オメガである。最初であり、最後である。初めであり、終わりである。自分の着物を洗って、いのちの木の実を食べる権利を与えられ、門を通って都に入れるようになる者は、幸いである。犬ども、魔術を行う者、不品行の者、人殺し、偶像を拝む者、好んで偽りを行う者はみな、外に出される。

わたし、イエスは御使いを遣わして、諸教会について、これらのことをあなたがたにあかしした。わたしはダビデの根、また子孫、輝く明けの明星である。』御霊も花嫁も言う。『来てください。』これを聞く者は、『来てください』と言いなさい。渇く者は来なさい。いのちの水がほしい者は、それをただで受けなさい。」

ダニ12：1－4「その時、あなたの国の人々を守る大いなる君、ミカエルが立ち上がる。国が始まって以来、その時まで、かつてなかったほどの苦難の時（7年大艱難時代）が来る。しかし、その時、あなたの民で、あの書（いのちの書）にしるされている者はすべて救われる。地のちりの中に眠っている者のうち、多くの者が目をさます。ある者は永遠のいのちに、ある者はそしりと永遠の忌みに。思慮深い人々は大空の輝きのように輝き、多くの者を義とした者は、世々限りなく、星のようになる。ダニエルよ。あなたは終わりの時まで、このことばを秘めておき、この書を封じておけ。多くの者は知識を増そうと探り回ろう。」

おわりに

マイクロチップのニュースが先日、ヤフーニュースに掲載されました。

「塩つぶサイズのチップを注射で埋め込み　超音波で電力供給と無線通信実現」(ITmedia NEWS)

米コロンビア大学とオランダ・デルフト工科大学の研究チームが開発。超音波で電力供給と無線通信を行う超小型の温度センサー搭載シングルチップ。総体積0・1立方ミリメートル以下という、塩つぶやダニに匹敵するサイズで、注射針で体内に移植し、生体信号のモニタリングを目指す。脳と後肢にチップを埋め込んだ温度測定の実験の様子、体温、血圧、ブドウ糖、呼吸などの生理的状態を監視する体内埋め込み型医療機器。将来的には、皮下注射針で人の体内に注入したチップが超音波を使用して体外と通信し、局所的に測定した生体情報を取得できるようにするという。写真は注射針の先端部分の拡大で、針穴に小さなチップが

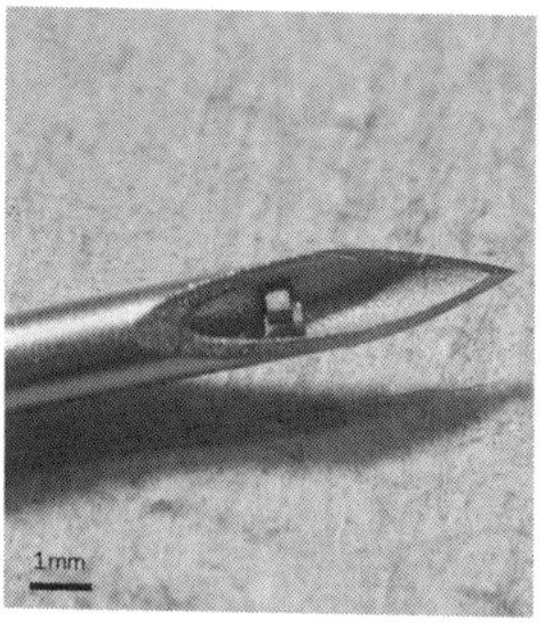

出13:9 これをあなたの手の上のしるしとし、
またあなたの額の上の記念としなさい。

見えます。

このネットニュースを読んだ人のコメント「ワクチンにマイクロチップ（笑）とかバカにしてる人いたけど、実際に入ってる入ってないは別として、こういう技術は既に完成されているという事がわかったよね」

チップをよく見ると聖書で言及されている聖句箱テフィリンそっくりの形です！　これに気づいた人はおそらく世界広しといえども本書の研究熱心な読者の皆様だけだと思います。これが犬猫ペットの識別チップ同様に人の額と手の中に挿入されるのでしょうか？

本来の聖書の教えは、右手と額に666の獣の刻印挿入ではなく、律法では、聖書の言葉を書いて、小さな黒い箱に入れて、皮ひもで額と左手に結びつけるという祈る時の教えであり、意味は聖書の言葉をいつも念頭に意識すること、合わせる手は愛の祈り行動の象徴です。ところが、サタンはいつも聖書と正反対のことを人工的に真似して神様に反抗する我らの天敵です。

出13：9「これ（聖書の言葉）をあなたの手の上のしるしとし、またあなたの額の上の記念としなさい。それは主のおしえがあなたの口にあるためであり、主が力強い御手で、あなたをエジプトから連れ出されたからである。」

終末期には、世界規模の騙しがあると聖書は預言します。すべての人が惑わされ、騙されるレベルの巨大陰謀があるのです。

黙18：23「ともしびの光は、もうおまえのうちに輝かなくなる。花婿、花嫁の声も、もうおまえのうちに聞かれなくなる。なぜなら、おまえの商人たちは地上の力ある者どもで、すべての国々の民がおまえの魔術にだまされていたからだ。」

もはや、ワクチンは厚労省の振動NGと内容物を分析させない目的のマイナス70度超低温保存が不要とされ、子供にまで接種枠を広げました。米ブラウン大の研究結果では、ロードアイランド州で生まれた幼児672人を対象にした研究で、パンデミック以前に生まれた3カ月~3歳の幼児の平均IQは100前後、これがパンデミック期間に生まれた幼児の平均IQは78まで22%低下と報じました。幼児は発達障害なく生まれた白人が大半ですが、全般的な認知能力が顕著に低下しています。

厚労省の「ワクチン分科会副反応検討部会」と「安全性対策調査会」の構成メンバーも製薬会社ファイザー、アストラゼネカ、アステラスからの巨額寄付受領で、不法な暴走中です。WHOも同様に中国をパンデミックから救った既存の日本製アビガンを無視し、日本製コロナ特効薬イベルメクチンも否定し、「証拠が非常に不確実」「いかなる患者にも使用すべきではない」と声明発表。高利益を上げる製薬会社の新薬開発を後押ししています。世界の最後はイエス様の預言通りです。

マタ24：12－14「不法がはびこるので、多くの人たちの愛は冷たくなります。しかし、最後まで耐え忍ぶ者は救われます。この御国の福音は全世界に宣べ伝えられて、すべての国民にあかしされ、それから、終わりの日が来ます。」

しかし、国難と同時に脱出の道も準備されています。この世に代々、長年続いたサタンの奴隷であるむなしい生き方からの救いがあります！

Ｉペテ1：18－20「ご承知のように、あなたがたが父祖伝来のむなしい生き方から贖い出されたのは、銀や金のような朽ちる物にはよらず、傷もなく汚れもない小羊のようなキリストの尊い血によったのです。キリストは、世の始まる前から知られていましたが、この終わりの時に、あなたがたのために、現れてくださいました。」

イエス・キリストがあなたの救い主です！　すでにワクチン接種され、聖書預言の666刻印なのかと心配して後悔している方、あとで病気や不妊や死、いつか自分は巨人に変身しないかと心配している方。大丈夫です。聖書がこう約束します。

マルコ16：17－18「信じる人々には次のようなしるしが伴います。すなわち、わたしの名によって悪霊を追い出し、新しいことばを語り、蛇をもつかみ、たとい毒を飲んでも決して害を受けず、また、病人に手を置けば病人はいやされます。」

使徒パウロは、毒を飲んでも害を受けませんでした。マルタ島で腕にチクリと筋肉注射のように痛みを受けて、同時に毒が入る毒蛇マムシにかまれましたが、彼はまったく平気で島の人々は、彼が今にも、腕がはれ上がってくるか、または、倒れて急死するだろうと待っていました。ところが、いくら待っても、少しも変わった様子が見えません。島民は驚きます。これと同じことが起きます。ある人々が予測するワクチン接種後、5〜9年で何らかの病気を発症するか死亡するだろうという考えに反して、無害です。

確かにワクチンを受けた人の血液は画像で明らかなように毒で汚染されて酸化グラフェンがスマホの4G、5Gに反応して動きます。危険な異物が血液に入ってきて、赤血球はそれに必死に反応して形が変形しています。赤血球が変形し、塊になったら、それらは働くことができません。赤血球の主な役割は、すべての細胞に酸素を運ぶことです。だからワクチン接種者に、疲労感、めまい、体調不良、精神不安定が起きているのは、体中に酸素が運ばれない酸欠反応です。しかし、神様の守りがあります。

黙3：10「あなたが、わたしの忍耐について言ったことばを守ったから、わたしも、地上に住む者たちを試みるために、全世界に来ようとしている試練の時には、あなたを守ろう。」

ワクチンを受けて不安で後悔している方、特に666マイクロチップが混入していないか心配している人がいます。私の考えでは、現段階では、まだ入れていないと思います。運悪く、実験として選ばれてネフィリムワクチンを先急ぎ投与された女性がいて、毛深くなり、ゾンビ的に放心して、凶暴な性格になったというケースも報告がありますが、将来、必ず現れて強要される666刻印は、生活のために自発的に悪魔、反キリストに従う決断を下して、神様であるイエス・キリストを拒んだ人々が受けることになります。これについて手順は反キリストの指示のもと、麻酔で人を眠らせ、次に額に針金のような装置を付けてから、大きな「知性消滅機」と書かれたCTスキャンの機械のようなものに寝かされて、これを受けた後、脳内の一部が欠損して改造され、知性を失ったゾンビのような反キリストに従う奴隷になるのです。その後、反キリストの指示のもと、彼と直接、会話できる小さな送受信機のようなものをブラウスの襟に付けられて、全財産を捧げる契約書にサインさせられ、ゾンビになった彼らの家には大兄弟、ビッグブラザーと呼ばれる監視システムが設置されます。刻印を受けた人々は、もはや喜びも愛も悲しみも感じられず、必要最低限の物資だけ与えられて朝から晩まで反キリストの目的のため働かされます。

最近、ゲームや映画、CMなど、大量のゾンビたちが町を歩き回る映像が、やたら目につきませんか？　あるいは、日本でもアメリカでも個人の生活を定点監視カメラで放送する下劣な深夜中継番組を見かけたことがありませんか？　リアリティショーと呼ばれるこれらの番組の先駆けとなった、1999年にオランダで放送されたテレビ番組名、ディストピアを描いたジョージ・オーウェルの『1984年』に由来する「ビッグ・ブラザー」であり、まさに監視社会到来の犯行予告です。

ワクチンを受けて後悔している人。絶対受けない人。以下の聖書の言葉を信じて、クリスチャンになってください。それしかないです。悪魔が実在しますが、本当に愛の救い主イエス・キリストという善い神様もおられるのです。

イエス様は私たちをこのような恐ろしい悪魔の策略から救い、天国を与えるために、十字架で死んで、3日目に復活されました。私たちの身代わりに、災いの地獄体験を十字架で血を流して身に受けた愛の神様で、その聖なる罪なき命の血がワクチンと罪悪と病と呪いと地獄から解毒します。将来の本物の666刻印では、知性消滅機にかけてもクリスチャンだけは、それがかからないのです。聖書の言葉を信じてください。

Ⅱ歴代7：13「もし、わたしが天を閉ざしたため雨が降らなくなった場合、また、いなごに命じてこの地を食い尽くさせた場合、また、もし、わたしの民に対して疫病を送った場合、7：14 わたしの名を呼び求めているわたしの民がみずからへりくだり、祈りをささげ、わたしの顔を慕い求め、その悪い道から立ち返るなら、わたしが親しく天から聞いて、彼らの罪を赦し、彼らの地をいやそう。」

アーメン。

医療情報総合研究所のデータによると、1月のインフルエンザ患者数は、16年～20年の直近5年間の1月平均と比較して1000分の1。インフル患者数は例年、1月に急増し、2月にピークを迎えますが、16年以降の1月のインフル患者数は、2016年2万7129人、2017年8万5539人、2018年12万6445人、2019年15万4002人、2020年5万1997人、2021年87人、今年のインフル患者が極端に少ないです。それは例年のインフル患者が、新型コロナ患者と不正に認定されたからでしょう。

アメリカでは、トランプ潰しのため積極的に疑わしきインフル患者をすべて新型コロナ患者と認定するようバイデン民主党が指示を出し、従う病院には入院させて呼吸器をつければ5－600万円が補助金として出たため、当時、誰も彼も死因は新型コロナとなりました。日本でもインフル激減、新型コロナ激増は捏造進行中です。ファイザーはビルゲイツが出資し、モデルナはジョージソロスが出資しています。ワクチン販売で儲けたい汚れた製薬会社と出資者。二回目ワクチンの次は塩野義製薬ワクチンです。日本製だからと騙されてはいけません。それは昆虫細胞をあらかじめ培養で増やしてスパイク蛋白質の遺伝子を組み込んだ遺伝子組み換えバキュロウイルスです。悪魔は人間の命である血液を変質させて汚したいのです。ノアの時代の堕天使たちのキメラ生物創造の再来です。

マタ24：37「人の子（イエス・キリスト）が来る（世界の終わりと、天国の始まり）のは、ちょうど、ノアの日のようだからです。」

PCR法は遺伝子を数億倍に増幅しますが、本来はDNA鑑定で犯人特定に使う検査で、実際には数個のウイルスが付着しているだけで「陽性」になります。日本の場合、国立感染症研究所の病原体検出マニュアルでは、判定にウイルスがわずか10個程度存在すれば陽性です。PCRを発見し、1993年にノーベル化学賞受賞の米国生化学者キャリー・マリスは、PCRをコロナ感染者のカウントに使えば、大ごとになると警告しました。通常、インフル感染では、粘膜等にウイルスが付着しているだけでは感染と言わず、細胞内にウイルスが入り込んで増殖した状態ではじめて感染と診断されます。しかし、今回の新型コロナ探しの検査は感染力のない微量なウイルスや、死んだウイルスでも存在が鼻や喉の免疫表面に確認されれば則、陽性となります。PCR検査キットには、インフルエンザ、マイコプラズマ、アデノウイルス、RSウイルス、クラミジア等に反応する記載があり、「コロナウイルス感染症の診断の補助としての使用を意図したものではない」「研究用としてのみ使用し、診断手順に使用するためのものではない」と記載があります。博士は、ＰＣＲ法の不正使用を反対しましたが、新型コロナ発生の三か月前に肺炎で謎の死を遂げています。

大阪大学日本医療研究開発機構の発見ですが、抗体依存性増強と言う症状があり、それはワクチン接種者が新型コロナ感染すると、感染を防ぐ中和抗体だけでなく、感染を増強させる抗体が産生され、感染増強抗体が新型コロナのスパイクタンパク質の特定部位に結合し、抗体が直接スパイクタンパク質の構造変化を引き起こし、新型コロナの感染性が高くなると判明しました。ですから、今後、ワクチン接種者の体内で抗体に鍛えられた増強ウィルスがワクチンしていない人々に拡散されます。まさに、ゾンビがゾンビを生むかのようです。

ファイザーの4万人以上の追跡調査でワクチン接種者の感染致死率は非接種の12倍と判明しています。世界中で、ワクチン接種者の感染者数が非接種者を上回り、ワクチン接種者の致死率が非接種者を上回っています。人間本来の抗体が失

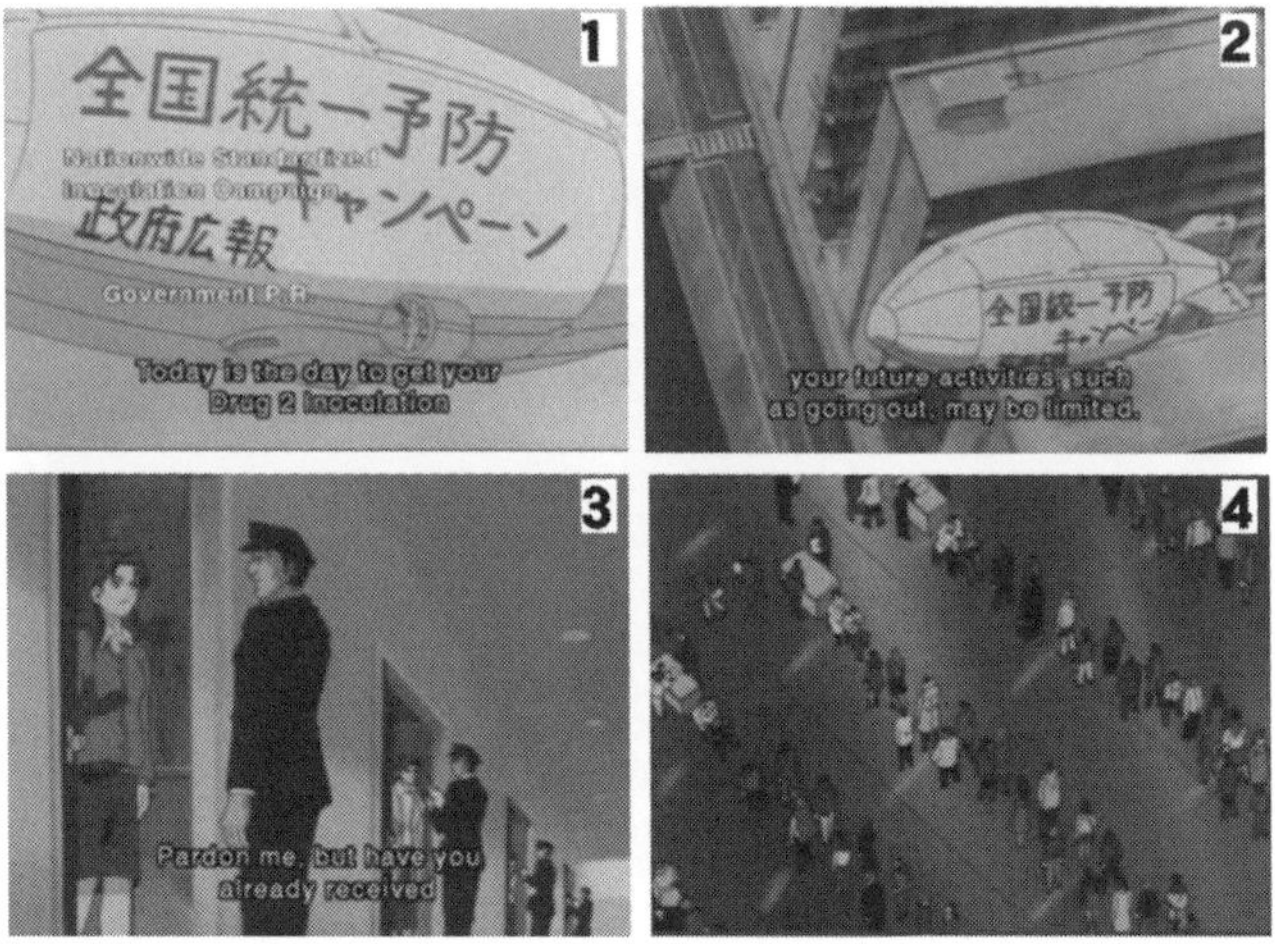

われ、些細な風邪や持病で病弱死しています。

「デビルマンレディー」21話。漫画原作でアニメ化は1998年、新型コロナ禍の4年前に放送。バルーンが上空を飛びながら女性の声でアナウンスします。

「今日は全国統一予防接種の第二枠、接種日です。お近くの会場で必ず接種をお受けください。なお、本日会場で配布される予防接種証明書をお持ちでない方は今後、外出などの行動を規制される場合があります。」

場面が変わって、お巡りさんがマン

ション住民に戸別訪問。
住民「はい。」
お巡りさん「恐れ入りますが、統一予防接種はもうお済でしょうか？」
場面代わり、杉並区保健所。そこには長蛇の列…。

厚生労働省は、海外の渡航先への入国時に、相手国等が防疫措置の緩和等を判断する上で活用されるよう、新型コロナウイルス感染症のワクチン接種の事実を公的に証明する接種証明書を交付しています。ワクチンパスポートと共に規制強化が始まります。時は近いです！

泉パウロ
純福音立川教会　牧師
『本当かデマか３・11［人工地震説の根拠］衝撃検証』ヒカルランド
『３・11人工地震でなぜ日本は狙われたか１』ヒカルランド
『３・11人工地震でなぜ日本は狙われたか２』ヒカルランド
『３・11人工地震でなぜ日本は狙われたか３』ヒカルランド
『３・11人工地震でなぜ日本は狙われたか４』ヒカルランド
『３・11人工地震でなぜ日本は狙われたか５』ヒカルランド
『３・11人工地震でなぜ日本は狙われたか６』ヒカルランド
『人工地震７　環境破壊兵器 HAARP が福島原発を粉砕した』ヒカルランド
『「イルミナティ対談」ベンジャミン・フルフォード×泉パウロ』学研
『悪魔の秘密結社「イルミナティ」の黙示録』学研
『大発見！　主イエスの血潮』マルコーシュ・パブリケーション
『イエス・キリストの大預言』マルコーシュ・パブリケーション
『大地震』フルゴスペル出版
『クリスチャンになろう！』フルゴスペル出版
『イエス様 感謝します』フルゴスペル出版
その他、日本 CGNTV、月刊誌 HOPE、
月刊誌 HAZAH など連載多数。

コロナは獣の刻印666
【ワクチンとゾンビ】
ついに来た「終わりの日」

第一刷　2021年10月31日

著者　泉パウロ

発行人　石井健資
発行所　株式会社ヒカルランド
〒162-0821 東京都新宿区津久戸町3-11 TH1ビル6F
電話 03-6265-0852　ファックス 03-6265-0853
http://www.hikaruland.co.jp　info@hikaruland.co.jp
振替　00180-8-496587

本文・カバー・製本　中央精版印刷株式会社
DTP　株式会社キャップス
編集担当　いとうあいこ

ISBN978-4-86742-045-4

ヒカルランド　泉パウロの好評既刊！

地上の星☆ヒカルランド　銀河より届く愛と叡智の宅配便

新型コロナウィルスは細菌兵器である！
著者：泉パウロ
四六ソフト　本体2,400円+税